50 Jahre Frauen stimmrecht

25 Frauen über Demokratie, Macht und Gleichberechtigung

Herausgegeben von Isabel Rohner und Irène Schäppi

Mit Beiträgen von Viola Amherd, Kathrin Bertschy, Margrith Bigler-Eggenberger, Adrienne Corboud Fumagalli, Fanni Fetzer, Fina Girard, Serpentina Hagner, Gardi Hutter, Cloé Jans, Anne-Sophie Keller, Bea Knecht, Elisabeth Kopp, Zita Küng, Lea Lu, Andrea Maihofer, Samira Marti, Christa Rigozzi, Ellen Ringier, Isabel Rohner, Irène Schäppi, Christine Schraner Burgener, Regula Stämpfli, Katja Stauber, Petra Volpe und Nathalie Wappler

Limmat Verlag
Zürich

Für unsere Mütter und Grossmütter

«Jede Frau ändert sich, wenn sie erkennt, dass sie eine Geschichte hat.» Gerda Lerner (1920–2013), Historikerin

@50J_Wahlrecht

@50jahrefrauenstimmrecht

#50JahreFrauenstimmrecht

Inhalt

50 Jahre Frauenstimmrecht = 50 Jahre Demokratie!

Vorwort von Dr. Isabel Rohner und Irène Schäppi

2021 feiert die Schweiz 50 Jahre Frauenstimmrecht. Das bedeutet 50 Jahre Demokratie! Man kann schliesslich nicht von einer wirklichen Demokratie sprechen, wenn die Hälfte der Bevölkerung nicht wählen darf. Und genau das war in der Schweiz der Fall – obwohl das Land so stolz ist auf seine direkte Demokratie, die in keinem anderen Land der Welt auf nationaler Ebene so weit geht wie hier und die in Form der Landsgemeinden bereits im Mittelalter ihren Anfang nahm. Aber sie galt nur für die Männer, und diese verwehrten bis 1971 ihren Müttern, Schwestern, Ehefrauen und Töchtern die politische Mitsprache.

Die Demokratie in der Schweiz, in der Männer und Frauen über das aktive und passive Wahlrecht verfügen, ist also noch sehr jung. Auch im internationalen Vergleich: Im US-Bundesstaat Wyoming waren die Frauen bereits 1870 wahlberechtigt, Neuseeland führte das Frauenwahlrecht 1893 ein und Finnland als erstes europäisches Land 1906. Deutschland und Österreich konnten 2018 das 100. Jubiläum des Frauenwahlrechts feiern. Auch Länder wie Sri Lanka (1931), Brasilien (1932), die Türkei (1934), Kuba (1934) und die Philippinen (1937), Usbekistan (1938) oder Syrien (1953) waren der Schweiz Jahrzehnte voraus.

Diese Sonderrolle der Schweiz wird rund um das 50. Jubiläum des Frauenstimmrechts besonders deutlich, denn im Gegensatz zu den meisten anderen Ländern hat ein grosser Teil der heute lebenden Schweizerinnen die Einführung des Frauenstimmrechts noch selber erlebt, hat vielleicht auch selber dafür gekämpft. Die jüngeren Schweizerinnen wiederum können ihre Mütter oder Tanten nach ihren Erfahrungen und Erinnerungen fragen, die jüngsten ihre Grossmütter. Und die Frauen in der Schweiz können ihre Väter oder Grossväter, ihre Onkel, vielleicht auch noch ihre Brüder darauf ansprechen, wie sie 1971 abgestimmt haben. Denn das Frauenstimmrecht wurde damals nur mit einer Zweidrittelmehrheit angenommen: Ein Drittel der Männer, die damals zur Wahl gegangen sind, haben auch noch 1971 mit Nein gestimmt. Auch in unserer Verwandtschaft gehören einige dazu.

Warum ist das 50. Jubiläum des Frauenstimmrechts in der Schweiz so wichtig?

- 50 Jahre Frauenstimmrecht sind ein Anlass, uns vor Augen zu führen, dass demokratische Rechte nichts Selbstverständliches sind.
- 50 Jahre Frauenstimmrecht sind ein Anlass, uns mit unserer Geschichte zu befassen: Obwohl das Frauenstimmrecht in der Schweiz erst 50 Jahre alt ist, ist seine Geschichte erschreckend unbekannt. Oder wussten Sie, dass die Genferin Marie Goegg-Pouchoulin das Frauenstimmrecht bereits 1868 öffentlich gefordert hat? Dass zahlreiche Frauen über Jahrzehnte dafür gekämpft haben, die Einführung selber jedoch nicht mehr erlebt haben? Dass 1971 unter den ersten elf Nationalrätinnen mit Tilo Frey auch die erste schwarze Frau in den Nationalrat gewählt wurde? Dass die letzte Einführung eines kantonalen Frauenstimmrechts gerade mal 30 Jahre zurückliegt und via Bundesgericht erstritten werden musste?
- 50 Jahre Frauenstimmrecht sind ein Anlass, genauer hinzusehen und zu fragen, wie es um die Gleichberechtigung von Männern und Frauen in allen Bereichen unseres Lebens steht – und was Frauenrechte für uns persönlich bedeuten.
- 50 Jahre Frauenstimmrecht sind ein Anlass, darüber zu sprechen, wie unsere Gesellschaft zukünftig aussehen soll und Handlungsbedarf zu benennen.
- 50 Jahre Frauenstimmrecht sind der Anlass für dieses Buch.

Wir – die Literatur- und Kulturwissenschaftlerin Isabel Rohner und die Journalistin Irène Schäppi – haben bekannte und einflussreiche Frauen aus Politik, Wirtschaft, Wissenschaft, Kunst, Kultur und Öffentlichkeit gefragt, ob sie einen Beitrag für diesen Sammelband schreiben und sich – aus ihrer jeweiligen, ganz unterschiedlichen Perspektive – mit dem Frauenstimmrecht, mit der Geschichte unserer Demokratie, mit Gleichberechtigung und Machtverteilung auseinandersetzen möchten. Mit einigen Frauen haben wir uns auch zu Interviews getroffen.

So unterschiedlich die Persönlichkeiten, Interessen und Hintergründe der 25 Autorinnen und Gesprächspartnerinnen sind, so unterschiedlich sind auch die Schwerpunktsetzungen der Beiträge: Einige Texte nehmen Meilensteine unserer Geschichte in den Blick, andere legen ihren Fokus auf die gegenwärtige und zukünftige Situation von Frauen in Unternehmen, in der Politik oder in der Öffentlichkeit, zeigen konkreten Handlungsbedarf und geben alltagspraktische Tipps im Umgang mit Vorurteilen und Geschlechterklischees. Sie zeigen, wie wichtig und machtvoll Kooperationen über Parteigrenzen und Branchen hinweg sind, aktuell erneut bewiesen durch «Helvetia ruft!» und «CH2021». Einige Beiträge führen vor Augen, was sich in den letzten Jahren und Jahrzehnten alles getan hat – und wie viel es immer noch zu tun gibt. Darüber hinaus – auch auf diese Vielfalt sind wir stolz! – enthält das Buch einen Comic und ein eigens für das 50. Frauenstimmrechts-Jubiläum geschriebenes und komponiertes Lied.

Die jüngste der 25 Beiträgerinnen ist zum Zeitpunkt der Drucklegung 18 Jahre alt, die älteste 87. Doch eigentlich sind es noch zwei Frauen mehr: Der Text von Adrienne Corboud Fumagalli ist nämlich ein Dialog mit ihrer Tochter Clelia Fumagalli – und für das Cover unseres Buches hat sich die erst 16-jährige Illustratorin Jelscha Ganter mit der Figur der Helvetia auseinandergesetzt. Allen Beiträgerinnen unseren herzlichsten Dank für ihr Engagement, ihre Zeit, ihre Kreativität, ihre Ideen und Gedanken! Gemeinsam machen wir deutlich, dass Frauenrechte alle angehen – unabhängig vom Alter, von der Ausbildung, von der Lebenssituation oder der politischen Ausrichtung.

Gemeinsam wollen wir die Leserinnen und Leser inspirieren, sich weiter für Gleichberechtigung und Frauenrechte einzusetzen. Und wir wollen gemeinsam für unsere junge Demokratie begeistern, denn diese ist nur so stark wie die Bürgerinnen und Bürger, die sich für sie engagieren.

**«We are
the composers of
our own lives.»**

Lea Lu, geboren 1984, hat im Alter von sechs Jahren damit begonnen, eigene Stücke zu schreiben – bereits mit ihrer ersten Band trat sie beim Montreux Jazz Festival auf. 2010 erhielt sie für ihren verträumt-wehmütigen Musikstil («Lea Lus Musik ist zum Heulen schön», so der «Tages-Anzeiger») den Prix Walo in der Kategorie Newcomer. Nach drei veröffentlichten Alben auf SONY Music und einer Veröffentlichung auf ihrem eigenen Label LL Records arbeitet die Zürcherin an ihrem fünften Album, mit dem sie 2021 auf Tournee sein wird.

We Have A Voice

Lea Lu, Sängerin und Songwriterin

Born in the same place,
Same mother
We came alone,
But belong to each other.
Our hearts beat
To the same song.

Put in a prison of silence for way too long
But the desire to break out became too strong
As our voices
Echoed through the sky.

We have a voice,
We have a choice
Now.

At the end of your answers
Lie our questions,
Asking for our own truth
And in the calm before the storm
We learned how to listen.

Our thoughts become words,
Opinions, stories,
Bricks for houses and homes.
We are the composers
Of our own lives.

We have a voice,
We have a choice
Now.

All we need is to speak out loud,
Because we can
And we will.

We have a voice,
We have a choice
Now.

Lea Lu Words, Composition, Vocals, Guitars, Piano, Bass
Claudio Strüby Drums, Percussion
Nils Wogram Trombone
Production LUST Production

Die Single «We Have A Voice» hat Lea Lu exklusiv für diesen Sammelband geschrieben. Sie ist durch Scannen des QR-Codes zu hören.

«Trotz aller Beteuerungen, der Begriff ‹Schweizer› sei neutral und stehe für alle, zeigt gerade der Kampf ums (Frauen-) Stimmrecht: Mit ‹Schweizer› waren nur die Männer gemeint.»

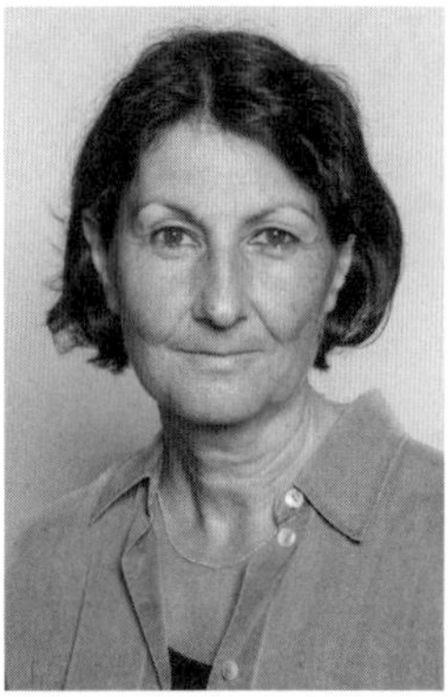

Prof. Dr. Andrea Maihofer, geboren 1953, studierte Philosophie, Germanistik und Pädagogik in Mainz, Tübingen und Frankfurt am Main. Sie promovierte in Philosophie und habilitierte in Soziologie. Seit 2001 ist sie Professorin für Geschlechterforschung und Leiterin des Zentrums Gender Studies an der Universität Basel. Sie leitet den Think Tank Gender and Diversity sowie das Graduiertenkolleg Gender Studies Basel. Maihofer engagiert sich zudem im Vorstand der Initiative CH2021, die sie mitgegründet hat.

Die Geschichte des Frauenstimmrechts – Verdrängtes Unrecht?

Andrea Maihofer, Professorin für Geschlechterforschung

Zur Geschichte des Frauenstimmrechts in der Schweiz gibt es inzwischen eine Fülle an Forschungen, die detailliert den langen Kampf der Frauen für das Stimmrecht darstellen.[1] Ebenso gibt es zahlreiche Arbeiten, in denen die verschiedenen Gründe für die späte Einführung in der Schweiz herausgearbeitet werden. Im Folgenden möchte ich diese beiden Perspektiven miteinander verbinden. Dadurch rücken die Widerstände, mit denen die Akteur*innen in ihrem Kampf um das Stimmrecht zu tun hatten, stärker in den Blick. Und schliesslich werde ich nach den Folgen fragen, die die späte Einführung des Frauenstimmrechts für die Schweiz heute hat. Und was bedeutet es, dass die wiederholte Weigerung, den Frauen den Status gleichberechtigter Staatsbürgerinnen zuzugestehen, bislang weder Teil des kollektiven Gedächtnisses der Schweiz noch als historisches Unrecht anerkannt ist?

Beginn des Kampfes ums Frauenstimmrecht Mitte des 19. Jahrhunderts

In einer bekannten Formulierung betont Meta von Salis: «Mein erster Fehltritt in der Welt bestand in dem Erscheinen in weiblicher Gestalt»[2]. Geschlecht regelt in westlich geprägten Gesellschaften den Zugang zu den gesellschaftlichen Ressourcen und verweist Männer und Frauen in unterschiedliche gesellschaftliche Bereiche. Allein als Frau gelesen zu werden führt dazu, dass ihr das Recht auf gleiche Rechte verweigert wird. Die Geschichte des Kampfes um das Stimmrecht sowie die Rekonstruktion der Gründe seiner späten Einführung verweisen auf diese heteropatriarchale Struktur westlicher Gesellschaften. Diese ist zwar inzwischen in Bewegung, jedoch noch immer wirksam.

Von Salis benennt hier den «eigentlichen» Grund, warum Frauen gezwungen waren, die Anerkennung als gleichberechtigte Staatsbürgerinnen einzuklagen: Sie haben das falsche Geschlecht. Für die sich im 18./19. Jahrhundert etablierende bürgerlich-heteropatriarchale Gesellschafts- und Geschlechterordnung ist der Ausschluss der Frauen aus den Menschen- und Bürgerrechten konstitutiv. Während die Männer sich erstmals (zumindest potenziell) das Recht auf gleiche Rechte zuerkennen, werden die Frauen prinzipieller denn je aus diesen ausgeschlossen. Dies ist, wie es die Frauenrechtsaktivistin Julie von May von Rued bereits 1869 bezeichnet, die «auffallende Anomalie, welche alle europäischen und europäisch civilisierten Länder aufweisen, dass in demselben Verhältnis, wie der Mann seine politischen Rechte erweitert hat, die Frau in ihren bürgerlichen Rechten eng beschränkt geblieben ist»[3]. Wie viele Frauen ihrer Zeit betont sie die grosse Bedeutung der französischen Erklärung der Menschenrechte und ihr «Versprechen» auf die Anerkennung der Ebenbürtigkeit *aller* Menschen. Trotz allem hält gerade «die demokratische Urschweiz» die Frauen «in Unmündigkeit», und so fordert sie die «vollkommene Gleichstellung beider Geschlechter vor dem Gesetz in allen bürgerlichen Rechten».[4]

Der Kampf um das Frauenstimmrecht hat in der Schweiz also spätestens seit Mitte des 19. Jahrhunderts begonnen. So haben Frauen (und auch Männer) insbesondere im Zusammenhang mit der ersten Totalrevision der Schweizer Bundesverfassung von 1874 sowohl die zivilrechtliche als auch die politische Gleichstellung der Frauen gefordert. Auch Marie Goegg, ebenfalls Frauenrechtsaktivistin, spricht 1868 in Bern in einer damals viel beachteten Rede von einer «Anomalie» und fordert als «Akt der Gerechtigkeit» die «vollständige Gleichheit vor dem Gesetz»[5].

Ganz in diesem Sinne wurden von der Association internationale des femmes, die u.a. von Marie Goegg gegründet worden war, zwei Anträge (1868 u. 1870) zur bürgerlichen Gleichstellung der Frau an den Nationalrat gestellt. Ob auch ein Antrag «auf vollständige *politische* Gleichstellung der Frau» eingereicht wurde, wie in der Botschaft des Bundesrates[6] von 1957 behauptet, scheint unklar. Das heisst, der Kampf ums Frauenstimmrecht begann in der Schweiz fast zeitgleich wie in anderen westlichen Ländern und bereits damals wurde die Verweigerung des Stimmrechts von Frauen* und Männern* in der Schweiz als Verstoss gegen die Menschenrechte und damit als Unrecht kritisiert. Kurz: Sie war schon damals ein bewusster Akt gegen die ausdrücklichen Forderungen von Frauen[7] nach gleichen Staatsbürgerrechten.

Drei Gründe für die späte Einführung in der Schweiz

Begründung: Mit dem Wort «Schweizer» sind die Frauen nicht mitgemeint

Wie deutlich wird, haben die Frauen (und auch manche Männer) von Beginn an versucht, die Einführung des Stimmrechts auf dem Interpretationsweg zu erreichen. Entsprechend wurden 1919 von 158 Frauenverbänden Motionen für eine Teilrevision der Verfassung unterstützt, in denen eine andere Interpretation des Artikel 74 der BV (1874, gültig bis 1971) gefordert wurde. Begründet wurde dies damit, dass mit der dortigen Formulierung: «Stimmberechtigt ist jeder Schweizer, der ...» doch auch die Frauen gemeint sein müssen oder, wie es in den Gesuchen nach Eintragung in das Stimmregister (Bern 1923, Genf 1928) heisst, dass «die Frauen auch ‹Schweizer› im Sinne der Verfassungsvorschrift seien».[8] Gestützt wurde diese Argumentation auf den Artikel 4 der Verfassung: «Alle Schweizer sind vor dem Gesetze gleich.» (Art. 4 BV 1874; gültig bis 1981). Doch Frauen waren keineswegs vor dem Gesetz gleich, ja nicht einmal richtige «Schweizer». Schliesslich verloren sie noch bis 1952 ihre Schweizer Staatsbürgerschaft, wenn sie einen Ausländer heirateten.

So wurde auch dieser Antrag am 14. September 1923 vom Bundesgericht mit der Begründung abgelehnt: «Mit dieser Bezeichnung (Schweizer in Artikel 74 BV) [...] sind nur die Schweizerbürger männlichen Geschlechts gemeint»[9]. Ausserdem wird die Forderung zurückgewiesen, das Wort «Schweizer» könne nun – nachträglich entgegen seinem historischen Verständnis – anders interpretiert werden. Vielmehr wird betont, dass eine zeitgemässe Interpretation dieses Artikels nicht möglich ist, weil «niemand eine solche Änderung im Auge hatte»[10]. Deshalb ist für die Gewährung des Stimmrechts für Frauen eine Verfassungsänderung nötig.

Trotz abschlägigem Bescheid haben Frauen diesen Weg jedoch immer wieder sowohl auf nationaler als auch kantonaler[11] Ebene versucht. Einen weiteren bedeutsamen nationalen Versuch hat der Schweizerische Verband für Frauenstimmrecht 1950 unternommen. In dieser Eingabe wurde ebenfalls eine Neuinterpretation, jetzt aber in Form einer Ergänzung im Artikel 10 des Bundesgesetzes vorgeschlagen: Statt «Schweizer» sollte es nun «Schweizer, ob Mann oder

Frau» heissen.[12] Auch diese Eingabe scheiterte, weil eine «Ergänzung des Bundesgesetzes» nicht genüge, es vielmehr einer Verfassungsänderung bedürfe.[13]

Allerdings wurde am 15. März 1951 vom Nationalrat – nach einer Anhörung von Vertreterinnen des Frauenstimmrechtsverbandes – beschlossen, dass der Bundesrat einen Bericht für eine «Partialrevision der Bundesverfassung»[14] vorlegen sollte. Umgesetzt wurde dieser Beschluss jedoch erst mit grosser zeitlicher Verzögerung und nur unter erneutem Druck der Frauenverbände mit der Vorlage der bereits angesprochenen Botschaft von 1957. Hintergrund war die ein Jahr zuvor vorgenommene Aufnahme einer obligatorischen Dienstpflicht von Frauen in die Verfassung. Dies zeigte einmal mehr, dass eine Neuinterpretation der Verfassung sehr wohl möglich gewesen wäre. Darauf verwiesen auch der Bund Schweizerischer Frauenvereine sowie der Schweizerische Katholische Frauenbund[15] in ihrer Ablehnung dieser obligatorischen Dienstpflicht. Solange den Frauen ihre Aktivbürgerrechte verweigert würden, «sei die Einführung dieser obligatorischen Dienstpflicht nach dem Grundsatz der Rechtsgleichheit nicht zulässig»[16].

Die vielfachen Zurückweisungen einer zeitgemässen Verfassungsinterpretation waren also bewusste politische Entscheidungen: Die Mehrheit der Schweizer Männer wollte den Frauen das Stimmrecht nicht geben. Dies ist letztlich der entscheidende Grund, warum die Einführung des Frauenstimmrechts in der Schweiz so lange gedauert hat. Nun brauchte es eine aufwendige Verfassungsrevision und damit eine doppelte Mehrheit von männlichem Stimmvolk und Ständen/Kantonen. Wäre das in anderen Ländern nötig gewesen, wer weiss, ob es dort nicht ebenfalls länger gedauert hätte. So betont auch Iris von Roten, dass die Abgeordneten «demokratischer als das sogenannte Volk» waren. Es waren die «männlichen Bürger», die auf ihre «Souveränitätsrechte» pochten.[17]

Begründung: Staatsbürgerschaft und Männlichkeit

In dem obigen Entscheid des Bundesgerichts von 1923 wird noch etwas Weiteres deutlich. Zur Begründung, dass allein Männer Schweizer sind, wird auf «uraltes Gewohnheits- oder Gesetzesrecht» und auf einen «tief eingewurzelten Rechtszustand» verwiesen. In diesem althergebrachten Selbstverständnis hatte, so heisst es, «niemand eine derartige Änderung im Auge»[18], dass dereinst mit dem Wort «Schweizer» auch die Frauen gemeint sein könnten und sie auf dieser Grundlage das Stimmrecht einfordern.

Ausdrücklicher lässt sich kaum sagen: Die Schweiz ist ein «Männerstaat»[19] mit einem zutiefst männerbündischen Verständnis von Staat und Demokratie. Und dies ist nicht etwa ein feministischer Begriff, vielmehr eine Selbstzuschreibung. So wird auch explizit von «Männerstimmrecht»[20] gesprochen. Ein Selbstverständnis, das nicht umsonst im Ursprungsmythos des Rütlischwurs als einem zentralen Element des kollektiven Gedächtnisses der Schweiz jährlich neu aufgerufen und bekräftigt wird: In ihm konstituiert sich die Schweiz als ein Bund von wehrhaften Männern und verantwortungsvollen Familienvätern (auch wenn inzwischen an diesem Ritual auch Frauen teilnehmen dürfen).

Trotz aller Beteuerungen, der Begriff «Schweizer» sei neutral und stehe für alle, es bräuchte die unschönen Aufzählungen von Schweizern und Schweizerinnen nicht, zeigt gerade der Kampf ums (Frauen-)Stimmrecht: Mit dem Wort «Schweizer» waren nur die Männer gemeint. Mit der Folge, dass Schweizerinnen erst mit den Verfassungsänderungen 1971 politisch und ab 1988 auch zivilrechtlich gleichberechtigt waren.

Hintergrund ist die Trennung zwischen öffentlicher und privater Sphäre, wie sie sich im Zuge der Etablierung der bürgerlich heteropatriarchalen Gesellschafts- und Geschlechterordnung herausbildet. Mit dieser Trennung ging eine Zuordnung von einerseits Beruf, Militär, Politik als ausschliesslich männlichen Bereichen und andererseits der Einschluss der Frauen in die Familie als weiblichem Bereich einher sowie die Auf- bzw. Abwertung dieser Bereiche.

Begründet wurde dies mit den natürlichen Geschlechterdifferenzen zwischen Männern und Frauen. In einem Dreischritt wird ein Zusammenhang hergestellt zwischen natürlichen körperlichen Geschlechterdifferenzen, damit einhergehenden unterschiedlichen Fähigkeiten sowie der Zuordnung zu den unterschiedlichen Bereichen Beruf/Militär/Politik/Öffentlichkeit und Familie/Reproduktion/Privatheit. Entsprechend dieser Zuweisung ist der bürgerliche wehrhafte Mann für das urdemokratische Recht der Selbstgesetzgebung (Autonomie) befähigt, das heisst nur den Gesetzen zu gehorchen, denen er zugestimmt hat.[21] Dabei wird zudem eine «Identität zwischen Soldat und Bürger»[22] unterstellt. Die bürgerliche «wehrlose» Frau hingegen ist als Mutter und Ehefrau für die Sorge um Familie, Kinder und Ehemann zuständig; sie ist passiv, emotional und schutzbedürftig. All dies disqualifiziert sie für den beruflichen wie den politischen Bereich: Weiblichkeit wird mit Staatsbürgerschaft unvereinbar.[23]

Mit anderen Worten: Staatsbürgerschaft, Demokratie und die Ausübung des Stimmrechts sind konstitutiv mit Männlichkeit verbunden, mehr noch: Sie sind essentiell für die Herstellung und Selbstvergewisserung bürgerlicher Männlichkeit. Die Verweigerung des Stimmrechts ist aus Sicht der Männer folglich nur konsequent: Die Gewährung des Frauenstimmrechts und damit die Präsenz von Frauen im politischen Raum stellen eine Bedrohung sowohl männlicher Suprematie als auch einer der zentralsten Möglichkeiten der Re-Produktion von Männlichkeit dar.

Begründung: Geschlechterdifferenzen – und die Frage des Unrechts

Die Idee der Rechtsgleichheit gilt als wesentliches Element der Demokratie.[24] Es stellt sich daher die Frage, wie der Ausschluss der Frauen aus dem Stimmrecht rechtlich eigentlich legitimiert wird. In der bereits angesprochenen Botschaft von 1957 finden sich hierzu einige aufschlussreiche Passagen.

Die Verwirklichung der Rechtsgleichheit der Frauen stösst, heisst es dort, auf «ganz besondere Schwierigkeiten», weil sie «fast alle Gebiete unserer Rechtsordnung, des öffentlichen und privaten Rechts, und unserer sozialen und wirtschaftlichen Verhältnisse tangiert»[25]. Hier wird ausdrücklich konstatiert, dass eine Rechtsungleichheit zwischen Männern und Frauen besteht. Mehr noch, sie ist so grundlegend, dass sie *alle* gesellschaftlichen Bereiche durchzieht. Ihre Überwindung impliziert daher nicht nur «eine Menge rechtlicher, gesetzgeberischer, politischer, sozialer, psychologischer und anderer Fragen»[26]. Sie erfordert zudem einen grundlegenden Wandel der gesamten Gesellschaft. Entsprechend wird erleichtert festgestellt, dass es beim Frauenstimmrecht nicht um «die Frage der Gleichberechtigung der Frau mit dem Manne schlechthin [geht], welche das letzte Ziel der Frauenbewegung zu sein scheint, [...] sondern nur um die Prüfung der politischen Stellung der Frau»[27].

Trotz allem bleibt die Frage, ob die Verweigerung des Stimmrechts gegen das Gleichheitsgebot verstösst. Hierzu wird nochmals betont, die «Rechtsgleichheit als positives Recht [hat] nur unter den in der Bundesverfassung selbst enthaltenen Vorbehalten Geltung»[28]. Denn Rechtsgleichheit meint, «dass Gleiches gleich, Ungleiches aber ungleich behandelt werden muss»[29]. Bestehen «erhebliche Unterschiede» lässt sich «eine unterschiedliche rechtliche Behandlung [...] begründen»[30]. Und was «erheblich ist, bestimmt sich dabei nach den im Zeitpunkt des Erlasses eines Rechtssatzes bestehenden Verhältnissen und der in jenem Moment massgebenden Auffassung von Recht und Gerechtigkeit»[31].

Nun bestanden, so heisst es weiter, als die Verfassung formuliert wurde, zweifellos erhebliche Geschlechterunterschiede. Daher ist die Verweigerung des Stimmrechts weder ein Verstoss gegen die Verfassung oder die Gerechtigkeit noch stellt sie ein Unrecht dar. Was hier gesagt wird, ist: Die Frauen sind (bislang) keine dem Mann gleichwertigen Menschen, deshalb ist es kein Unrecht, sie nicht als gleichwertige Menschen zu behandeln.

In dieser Argumentation zeigt sich, was ich als «die Dialektik des bürgerlichen Gleichheitsverständnisses»[32] bezeichne. Danach impliziert Gleichheit, dass zwar von geringen Unterschieden abgesehen werden kann, ja abgesehen werden muss; nicht jedoch von «erheblichen» Unterschieden, wie eben die Verschiedenheit der Geschlechter. Die Anerkennung als Menschen mit gleichen Rechten basiert hier also auf der Anerkennung ihrer Gleichheit im Sinne von Identität. Während Verschiedenheit – ob reale oder unterstellte – gesellschaftliche Ungleichheit und damit Diskriminierung rechtfertigt. Der Diskurs natürlicher Geschlechterdifferenzen sowie die modernen Rassentheorien dienten genau dem Beleg grundlegender Verschiedenheit und damit zur Legitimation des Ausschlusses aus den Menschen- und Bürgerrechten.

Im Jahre 1957 stellt sich für den Bundesrat jetzt allerdings die Frage, «ob die Verschiedenheit des Geschlechts noch immer als erheblich genug angesehen werden müsse, um die Zurücksetzung der Frauen in den politischen Rechten zu rechtfertigen, oder ob die Gleichstellung der Geschlechter heute als ein Gebot der Gerechtigkeit zu gelten habe»[33].

Entsprechend finden sich längere Ausführungen darüber, ob sich die Unterschiede inzwischen relevant verringert haben. Und es wird festgestellt, dass sich nicht nur «die Stellung der Frau in Familie, Gesellschaft und Wirtschaft» grundlegend gewandelt hat, sondern das «gleiche gilt auch von der Frau selbst (hinsichtlich Bildung, Erfahrung und Betätigung in der Öffentlichkeit) und von ihrer Einstellung zur Gesellschaft», so dass jetzt «die rein tatsächliche Emanzipation [...] der Gesetzgebung vorauseilt»[34].

Die Gesetzgebung hinkte also schon damals ausdrücklich der «tatsächlichen Emanzipation» der Frauen hinterher. Der Wandel sei sogar so weitgehend, dass eine «Angleichung der Frau an den Mann, insbesondere im Sinne ihrer Vermännlichung»[35] stattgefunden hat. Entsprechend sei der Zeitpunkt gekommen, an dem der Frau das Stimmrecht zu gewähren nicht nur ein «Gebot der Gerechtigkeit», sondern auch der Demokratie sei.[36]

Massstab für das «vermehrte gesellschaftliche Ansehen» der Frau[37] ist also der Mann. Die Frau muss dem Mann fast gleich bzw. identisch sein, um das Recht auf gleiche Rechte zu haben. Allerdings sei die «Vermännlichung» der Frau in der Schweiz glücklicherweise nicht so weit fortgeschritten wie in anderen Ländern[38]. Letztendlich wird jedoch festgestellt, dass «die Unterschiede des Geschlechts [...] nicht mehr als erheblich genug betrachtet werden [können], um den Ausschluss der Frau von den politischen Rechten zu rechtfertigen»[39].

Aus diesem Grund wird abschliessend in der Botschaft des Bundesrates 1957 für die Einführung des Frauenstimm- und -wahlrechts ohne jeglichen Vorbehalt in eidgenössischen Angelegenheiten und für eine Verfassungsrevision in diesem Sinne plädiert.[40] – Trotzdem hat es bekanntlich noch bis 1971 gedauert. So stimmten in der ersten Volksabstimmung 1959 die männlichen Stimmbürger mit klarer Mehrheit gegen die Einführung des Frauenstimmrechts.

Angesichts dieser Argumentation fragt man sich jedoch, ob die erneute Verweigerung spätestens mit der Feststellung des Bundesrates 1957, wonach nach eigener Rechtsvorstellung der Regierung der Ausschluss der Frauen aus dem Stimmrecht nicht mehr (ganz) rechtens war, nicht eben doch schon Unrecht war.

Schluss: Kollektives Gedächtnis und die Frage des historischen Unrechts – ihre Bedeutung für heute

Ebenso stellt sich die Frage: Wie kommt es, dass diese lange Geschichte des Kampfes der Frauen bislang kein Teil des kollektiven Gedächtnisses der Schweiz ist? Während das kulturelle Gedächtnis nach Jan Assmann vor allem das wissenschaftlich basierte Erinnern in Form von Forschungen, Ausstellungen, Archiven ist, ist das kollektive Gedächtnis eine politisch und medial ausgearbeitete Form des offiziellen Erinnerns in Unterrichtsmaterial, Denkmälern, Reden, Festen und Ritualen.[41] Das heisst, das kollektive Gedächtnis stellt die Selbststilisierung und Affirmation einer Gesellschaft mit dem Ziel der Stiftung einer nationalen Identität dar. Um dieses Selbstbild wird gesellschaftlich ständig gerungen: Was, wer und wie erinnert wird oder nicht, ist stets Ergebnis gesellschaftlicher Machtverhältnisse, und es ist bis heute zutiefst vergeschlechtlicht.

Teil des kollektiven Gedächtnisses der Schweiz zu sein, würde kollektive Formen bedeuten, in denen die Geschichte des Frauenstimmrechts erinnert und seine Errungenschaft öffentlich gefeiert würde. Damit aber könnte sich stets erneut die Frage stellen, ob die wiederholte Verweigerung des Stimmrechts nicht doch Unrecht gewesen ist. Eine Frage, die bislang öffentlich zu stellen vermieden wurde, die aber spätestens mit der Botschaft von 1957 klar mit Ja zu beantworten ist. Denn ab da war die Verweigerung des Frauenstimmrechts – sogar im eigenen Selbstverständnis – ein Verstoss gegen die Demokratie und die Gerechtigkeit und damit Unrecht.

Nach Aleida Assmann hat Verschweigen meist mit «Schuld und Scham» zu tun. Es fehlt «der Wille zur Thematisierung»[42] und dient dazu, vor «etwas Irritierendem, Unbewältigtem und Unpassendem» die Augen zu verschliessen.[43] Möglicherweise hat also das Schweigen über die späte Einführung des Frauenstimmrechts im kollektiven Gedächtnis der Schweiz etwas mit Schuld und Scham zu tun?

Es kann aber auch sein, dass die Verweigerung des Stimmrechts noch immer nicht wirklich als Unrecht begriffen wird. Man(n) sich nach wie vor im Recht dünkt. Schliesslich waren die patriarchalen Geschlechterverhältnisse doch schlicht selbstverständlich.

Vielleicht aber wird es inzwischen sogar als Unrecht *erkannt.* Dies offiziell als solches *anzuerkennen,* wäre jedoch etwas anderes. So gab es bislang noch keinen öffentlichen Akt der Entschuldigung. Eher findet man Versuche, sich und anderen immer wieder zu bestätigen, dass es kein Unrecht war – obwohl es spätestens, wie gezeigt, mit der Botschaft von 1957 als solches gewusst war. Ein solches Eingeständnis würde einen Bruch bedeuten. Doch kollektive Identität lebt von Kontinuität und Selbstgewissheit. Auch gälte es dann, eine andere Geschichte der Schweiz zu erzählen, eine, die nicht nur von Stolz über die eigenen (männlichen) Taten geprägt ist, wie es im Narrativ des kollektiven Gedächtnisses der Schweiz bislang der Fall ist. Mit der Bewältigung von Unrecht tun sich viele Gesellschaften in ihrem Bedürfnis nach positiver Selbststilisierung schwer; die Schweiz ist da keine Ausnahme. Dies hat sich auch an der Verdrängung des Unrechts im Zweiten Weltkrieg gezeigt oder am langen Schweigen über das Unrecht an den «Verdingkindern» sowie im Zuge der eigenen Kolonialgeschichte.

Aber möglicherweise geht es noch um etwas anderes: An die Geschichte des Kampfes um das Frauenstimmrecht zu erinnern hiesse, aufmerksam zu machen auf die zutiefst männerbündische Struktur der Schweiz. Hiesse, den Blick auf mögliche Reste des patriarchalen Verständnisses in Demokratie und Gesellschaft zu richten sowie auf die tiefsitzende Auffassung natürlicher Geschlechterdifferenzen und der damit verbundenen Legitimierung der Diskriminierung von Frauen*. Die derzeit heftigen Polemiken von konservativen bis rechtsextremen Personen und Gruppen gegen den Feminismus und inzwischen mehr noch gegen die Geschlechterforschung, die sowohl am wissenschaftlichen Erinnern arbeiten als auch am Aufzeigen der nach wie vor heteropatriarchalen Gesellschafts- und Geschlechterordnung, machen nur zu deutlich, wie stark der Wille zur Bewahrung, wenn nicht Reaktivierung traditioneller Geschlechterverhältnisse ist. Schweigen vermeidet solch offizielles Erinnern an ebendiese patriarchale Struktur.

Die Feierlichkeiten 2021 zum 50-jährigen Jubiläum der Gewährung des Stimmrechts für Frauen wäre allerdings eine optimale Gelegenheit, dieses Schweigen zu durchbrechen. Eine Chance, einen (selbst)kritischen Blick auf die – bei allem Wandel – nach wie vor diskriminierenden Geschlechterverhältnisse und das patriarchale Verständnis von Demokratie zu richten. Eine Chance, diese Geschichte des Kampfes zu einem Teil des kollektiven Gedächtnisses der Schweiz werden zu lassen. Mehr noch: Es ist eine Chance, endlich offiziell anzuerkennen, dass die Verweigerung des Stimmrechts Unrecht war. Es ist an der Zeit.

1 Beatrix Mesmer: *Staatsbürgerinnen ohne Stimmrecht.* Zürich 2007; Yvonne Voegeli: *Zwischen Hausrat und Rathaus.* Zürich 1997.
2 Meta von Salis: *Die unerwünschte Weiblichkeit.* Hg. von Doris Stump. Zürich 1988: 34. Von Salis war die erste promovierte Historikerin der Schweiz und eine bekannte Aktivistin für Frauenrechte.
3 Julie von May von Rued: *Frauenrecht;* in: Bund, 17. und 24. Oktober 1869: 3.
4 Ebd: 4.
5 Marie Goegg-Pouchoulin: *Die Rede von Marie Goegg in Bern 26.9.1868,* FrauenMediaTurm, das Archiv und Dokumentationszentrum, www.frauenmediaturm.de/themen-portraets/feministische-pionierinnen/marie-goegg/auswahlbibliografie/rede-in-bern (Zugriff am 10.4.2020).
6 Bundesblatt Nr. 10. Bern. 7.3.1957: 697. *Die Botschaft des Bundesrates an die Bundesversammlung über die Einführung des Frauenstimm- und -wahlrechts in eidgenössischen Angelegenheiten* vom 22.2.1957 ist eine ausführliche Stellungnahme des Bundesrates anlässlich zweier Postulate von Ständerat Picot und Grendelmeier zu dieser Thematik (im Folgenden zit. als Botschaft)
7 Siehe Olympe de Gouges [1791]: *Deklaration der Rechte der Frau und Bürgerin.* In: Schröder, Hannelore (Hg.): *Die Frau ist frei geboren.* Texte zur Frauenemanzipation. Bd. I 1789–1870, München 1979.
8 Botschaft 1957: 697.
9 Ebd.: 782.
10 Ebd.: 783.
11 Der letzte kantonale Versuch wurde 1989 im Kanton Appenzell unternommen. Vgl. hierzu in diesem Buch den Beitrag von Isabel Rohner auf den Seiten 237–243.
12 Botschaft 1957: 699.
13 Botschaft 1957: 700.
14 Ebd.
15 Beide Vereine umfassten immerhin fast 40 Prozent der Schweizer Frauen.
16 Botschaft 1957: 727; siehe Yvonne Voegeli: *Zwischen Hausrat und Rathaus.* Zürich 1997: 333.
17 Iris von Roten: *Frauenstimmrechts-Brevier.* Basel 1959: 13.
18 Botschaft 1957: 782f.
19 Ebd.: 680.
20 Ebd.: 674.
21 Siehe Botschaft 1957: 733f. zum Selbstbestimmungsrecht und der Frage, ob dies nicht ein Menschenrecht ist, das nun auch den Frauen «als Gebot der Demokratie» (ebd. 734) zugesprochen werden muss.
22 Ebd.: 740.
23 Caroline Arni: *Republikanismus und Männlichkeit in der Schweiz.* In: *Der Kampf um gleiche Rechte.* Hg.. Schweizerischer Verband für Frauenrechte. Basel 2009: 20–31.
24 Botschaft 1957: 666.
25 Ebd.: 668.
26 Ebd.
27 Ebd.: 670.
28 Ebd.: 730.
29 Ebd.: 731.
30 Ebd.
31 Ebd.
32 Maihofer: *Geschlechterdifferenz – eine obsolete Kategorie?* In: Grisard, Dominique/Jäger, Ulle/König,

Tomke (Hg.): *Verschieden sein. Nachdenken über Geschlecht und Differenz.* Sulzbach/Taunus 2013: 27ff.

33 Botschaft 1957: 731.

34 Ebd.: 732.

35 Ebd.

36 Ebd.: 735.

37 Ebd.

38 Ebd.

39 Ebd.: 771.

40 Ebd.: 795.

41 Jan Assmann: *Das kulturelle Gedächtnis.* München 2018: 35ff.

42 Aleida Assmann: *Formen des Schweigens;* in A. Assmann/J. Assmann (Hg.): Schweigen. Paderborn 2013: 57.

43 Ebd.: 60.

«Ich wollte in jeder Beziehung so gut sein, dass niemand sagen kann: Die Frauen können das nicht.»

Elisabeth Kopp, geboren 1936, war von 1984 bis 1989 die erste Bundesrätin der Schweiz und damit die erste Frau in der Landesregierung. Sie hat Jura studiert und setzte sich früh fürs Frauenstimmrecht ein. Als Gemeinderatsmitglied ab 1970 und ab 1974 als erste Gemeinderatspräsidentin in der Deutschschweiz engagierte sie sich jahrelang auch auf kommunalpolitischer Ebene.

Ganz oder gar nicht – ein bisschen gleichberechtigt sein geht nicht

Elisabeth Kopp, erste Bundesrätin der Schweiz, im Gespräch mit Isabel Rohner und Irène Schäppi

Frau Kopp, 2021 feiern wir in der Schweiz 50 Jahre Frauenstimmrecht. Was bedeutet Ihnen das persönlich?

Es ist ein Jubiläum. Aber ich hätte das Frauenwahlrecht lieber 50 Jahre früher gehabt. Zumindest ist es 1971 gekommen. Das war sehr spät – aber das können wir jetzt nicht mehr ändern. Das ist unsere Geschichte, und wir müssen das Beste daraus machen.

Können Sie sich noch an die erste Abstimmung über das Frauenstimmrecht 1959 erinnern?

Oh ja. Ich war damals in einem der letzten Semester meines Jurastudiums an der Universität Zürich. In einer Pause haben wir in einer Gruppe von Studentinnen und Studenten über das Frauenstimmrecht und die anstehende Abstimmung diskutiert. Ich war natürlich dafür – und viele Männer dagegen, hauptsächlich einer. Ich erinnere mich noch genau, wie dieser junge Mann zu mir gesagt hat: «Also weisst du, Elisabeth, ich verstehe das überhaupt nicht, dass du dich so einsetzt für das Frauenstimmrecht. Du bist doch sonst eine ganz normale Frau.» Ich habe ihn angeschaut und geantwortet: «Ja, ich bin eine ganz normale Frau – und genau darum setze ich mich für das Frauenstimmrecht ein!» Das muss man sich mal vorstellen: So etwas kam von einem jungen Mann, der Jura und die Menschenrechte studierte – und der fand es abnormal, dass eine Frau sagt: «Wir wollen die gleichen Rechte wie Männer!» Meine Antwort ist ihm eingefahren. Gescheitert ist die Abstimmung 1959 trotzdem.

Wann haben Sie festgestellt, dass Frauen und Männer nicht dieselben Chancen und Möglichkeiten haben?

Ich wurde vom Feminismus schon als Teenager infiziert. Ich kann mich an zwei Begebenheiten erinnern: Einmal hat mich der Rektor meiner Schule in Bern ins Rektorat bestellt und mich gefragt, was ich eigentlich in einem Gymnasium verloren hätte: Ich würde doch nur einem Jungen den Platz wegnehmen und selber nicht für mehr als eine Eisrevue taugen. Eislaufen war damals meine grosse Leidenschaft. Ich war so wütend auf meinen Rektor. Wenn er gesagt hätte, ich würde jemandem den Platz wegnehmen, der – geschlechtsneutral! – mehr für die Schule arbeitet, dann O.K. Aber diese Argumentation war für mich damals schon nicht in Ordnung.

Dann haben Sie den Feminismus aber schon ganz schön früh entdeckt.

Als ich 14 oder 15 Jahre alt war, hat mein Vater einmal in Muri, wo wir wohnten, einen Vortrag gehalten über irgendeine Finanzreform. Er war damals Direktor der Eidgenössischen Finanzverwaltung. Ich habe ihn gefragt, ob ich mitkommen kann, und er meinte: «Du wirst zwar nichts davon verstehen, aber wenn du willst, kannst du mitkommen.» Da bin ich mit. Als ich in den Vortragsraum gekommen bin, war der Saal schon ziemlich voll. Ich habe mich in die hinterste Reihe in die Ecke gesetzt, so konnte ich den ganzen Raum sehen. Und mir ist aufgefallen, dass nur zwei weibliche Wesen anwesend waren: Ich und die Serviertochter. Da trat der Veranstaltungsleiter ans Podium und weil er mich hinten in der Ecke sitzen sah, begann er seine Rede mit «Meine Damen und Herren». Dabei habe ich vor mir nur so «beglatzte» Köpfe gesehen, die sich erst verwundert und dann zunehmend empört zu mir umsahen. Sie fragten sehr offen, was denn eine Frau hier drinnen verloren habe. Wieder zu Hause habe ich das meiner Mutter erzählt. Ihre Antwort: «Das ist halt, weil Frauen kein Stimmrecht haben. Darum gehen sie auch nicht an solche Veranstaltungen.» Ich weiss noch, wie ich zu meiner Mutter gesagt habe: «Aber das geht doch einfach nicht! Das muss man doch ändern.» Und meine Mutter hat geantwortet: «Ja, das wird sich auch einmal ändern irgendwann. Aber wahrscheinlich dauert es noch lange.»

Was hat diese Aussage in Ihnen ausgelöst?

Empörung! Ich war voller Empörung. Auch dass die Männer damals so irritiert waren und fragten, was ich denn in diesem Saal verloren hätte. Solche Momente gab es auch später immer wieder. Ich weiss noch, dass ich einmal als gewählte Gemeindepräsidentin[1] – ich war damals in der Deutschschweiz die einzige Frau in dieser Funktion und dementsprechend viel in der Presse –, an einer Sitzung aller Gemeinden teilgenommen habe. Das Thema war das kommunale Abfallwesen. Ich bin in den Saal gekommen und habe mich auf einen freien Stuhl gesetzt. Da dreht sich mein Sitznachbar zu mir um und sagt: «Gut, dass Sie hier sind, Fräulein. Sie kommen, um das Protokoll zu schreiben, nicht wahr?» Erst wollte ich wütend werden und ihn fragen, ob er eigentlich keine Zeitung liest. Dann habe ich es aber anders gemacht und gesagt, dass ich sehr gern bereit bin, in der ersten Hälfte das Protokoll zu schreiben, wenn er es in der zweiten Hälfte übernimmt.

Und? Was war seine Reaktion?

Er wurde rot wie ein Granatapfel. Plötzlich war ihm klar, dass ich dieselbe Funktion und Stellung hatte wie er. Aber meine Reaktion war doch ziemlich elegant, oder? (lacht)

Was war Ihre Motivation, in die Politik zu gehen?

Zwei Jahre, bevor die Frauen auf Bundesebene das Stimmrecht bekamen, hatten sie in einigen Gemeinden ein Stimmrecht, wenn es um Gemeindeangelegenheiten ging. Als dies bei uns 1969 in Kraft trat, haben die Zumiker Frauen sofort geschnallt, was das für die anstehenden Gemeinderatswahlen im Ort bedeutet. Die Präsidentin des Frauenvereins kam auf mich zu und sagte mir, dass sie mich aufstellen wollten.

Und wie haben Sie darauf reagiert?

Ich war überrascht und habe um Bedenkzeit gebeten. Ich hatte zwar mein Studium mit einem Summa cum laude abgeschlossen – übrigens als erste Frau der Fakultät! –, aber ich hatte noch kein Anwaltsexamen. Das wollte ich damals machen. Und ich wollte diese Frage auch mit meinem Mann besprechen. Der schaute mich nur mit grossen Augen an und sagte: «Hör mal, du kannst dich doch nicht jahrelang fürs Frauenstimmrecht einsetzen und dann eine Kandidatur ablehnen, wenn du gefragt wirst!» Da hatte er natürlich recht – und so habe ich der Kandidatur zugestimmt und wurde 1970 in den Gemeinderat gewählt.

Und wie ging es weiter?

Drei Tage nach der Wahl war schon die konstituierende Sitzung. Dort wurden als erstes die Ressorts verteilt. Die Männer haben sich auf die Finanzen gestürzt und auf Hochbau. Für mich blieb «Gesundheit und Fürsorge» übrig. Mein erster Impuls war, das als typische Frauenthemen abzutun. Ich habe aber meine Meinung sehr schnell revidiert, denn zu meinen ersten Aufgaben gehörte auch die Planung und die Baubegleitung von einem Schwimmbad in Zumikon. Nach dem Willen des Gemeinderats sollte es ein Hallenbad werden, bei dem eventuell später mal ein Freibad angegliedert werden konnte. Aus meiner Sicht war das Blödsinn. Was sollten denn die Frauen mit kleinen Kindern im Sommer machen? Da nutzte doch ein Hallenbad gar nichts. Und irgendwann einmal vielleicht ein Freibad – das hielt ich für reine Aufschieberei. Ich wollte alles gleichzeitig bauen. Dem Gemeinderat passte das nicht, aber sie liessen sich auf eine Abstimmung in der Gemeindeversammlung ein – und diese Abstimmung habe ich haushoch gewonnen. Für mich ist das ein Beispiel, das ich auch bei Vorträgen oft erwähne, denn es zeigt: Frauen setzen in der Politik oft andere Prioritäten, weil sie Auswirkungen auf Frauen und Kinder stärker im Blick haben. Darum ist es so wichtig, dass Frauen und Männer gleichermassen in der Politik vertreten sind.

War das nicht eine absurde Situation, gewählte Gemeinderätin zu sein mit Verantwortung und Gestaltungsmöglichkeiten – und gleichzeitig formal nicht dieselben Rechte wie ein Mann zu haben?

Absolut. Es war ein grosses Ärgernis.

Warum hat es so lange gedauert, das zu ändern?

Damals hiess es in der Verfassung: *Jeder Bürger ist vor dem Gesetz gleich.* In der Praxis hiess das: Die Männer konnten abstimmen und wählen, aber die Frauen nicht. Es war eine kleine Gruppe, ich war auch dabei, die der Meinung war, dass der Sinn dieses Passus sei: *Jeder Mensch ist vor dem Gesetz gleich* – nicht spezifisch Männer oder Frauen. Aber die Auslegung war Gewohnheitsrecht – und um das Gewohnheitsrecht zu ändern, muss man die Verfassung ändern. Dazu braucht es eine Mehrheit der Kantone und eine Mehrheit der Stimmberechtigten, und das war ein dickes Brett.

Können Sie sich noch an den 7. Februar 1971 erinnern, als die Männer tatsächlich Ja gesagt haben zum Frauenwahlrecht?

Natürlich. Ich war damals im Vorstand der Frauenzentrale, und wir Frauen haben es gross gefeiert.

Haben Sie damit gerechnet, dass das Stimmrecht 1971 durchkommt?

Mehr gehofft, als damit gerechnet. Mir war klar: Der politische Druck war hoch, und ewig konnten sie es nicht verklemmen. Die Männer machten sich und die Schweiz ja lächerlich. Darum war ich auch sehr froh, als es angenommen wurde – ich wollte nicht, dass sich die Schweiz weiter lächerlich macht. Im Vorfeld der Wahl war ich fast jeden Abend unterwegs, habe Vorträge gehalten, an Diskussionsrunden teilgenommen. Und so wie mir ging es vielen engagierten Frauen. Umso grösser war die Freude, als wir es endlich geschafft hatten.

Wann haben Sie sich entschieden, sich parteipolitisch zu engagieren?

Das kam erst viel später. Als Gemeinderätin war ich noch in keiner Partei. Die FDP kam irgendwann auf mich zu, weil sie mich für den Erziehungsrat des Kantons Zürich aufstellen wollten.[2] Auch dort war ich die erste und einzige Frau. Das war in Gremien immer mein Schicksal, im Gemeinderat, später als Gemeindepräsidentin und dann im Bundesrat. Ich hätte viel dafür gegeben, nicht immer die Erste und Einzige sein zu müssen, sondern noch zwei, drei Kolleginnen zu haben.

Wir sind sehr froh, dass Sie es gemacht haben!

Danke! Solche Rückmeldungen sind auch heute noch echte Highlights für mich.

Auf uns haben Sie schon als Kinder bzw. junge Frauen immer sehr «perfekt» gewirkt.

Ich würde es nicht so ausdrücken. Ich wollte einfach in jeder Beziehung so gut sein, dass niemand sagen kann: Die Frauen können das nicht. Das war mein Ziel und mein Ehrgeiz – und übrigens auch mein erster Gedanke, als ich damals bei der Bundesratswahl nach vorne gegangen bin, um die Wahl anzunehmen. Ich wollte den Frauen den Weg ebnen – womöglich auch in jeder Beziehung.

Ist das nicht eine grosse Bürde?

Doch natürlich. Es war eine riesige Bürde und ein grosser Druck. Auch für meinen Mann war das nicht lustig, aber er hat mich immer unterstützt. Als ich das erste Mal in den Nationalrat gewählt wurde, gab er mir zur Feier ein kleines Schächtelchen. Es war ein unscheinbares Ding, nicht schön eingepackt – ich dachte: Gut, dass es kein Schmuck ist. Ich habe es aufgemacht, es lag ein ganz normaler Schlüssel drin. Ich war etwas ratlos und mein Mann sagte: «Weisst du, ich kenne dich gut genug. Du kannst tagelang arbeiten, aber du musst irgendwo zu Hause sein. Darum habe ich dir in Bern eine Wohnung gekauft.» Da dachte ich, jetzt kenne ich diesen Mann schon so lange und immer noch gelingt es ihm, mich zu verblüffen. Ich war wahnsinnig froh. Unter den männlichen Politikern löste es aber oft Unverständnis aus, dass ich eine eigene Wohnung hatte. Lustigerweise wurde ich oft gefragt, was denn mein Mann dazu sagen würde.

Als Sie im Nationalrat waren, gab es ja auch noch andere Frauen. Wie war Ihr Verhältnis? Hatten Sie ein gutes Netzwerk miteinander?

Netzwerk klingt zu formell. Aber im Rahmen des Möglichen haben wir uns unterstützt. Weil eben Frauen oft in der Politik andere Prioritäten setzen. Und weil wir eine Minderheit waren, die zusammenhalten musste.

Sie sind als erste Bundesrätin in einen männlichen Bundesrat gewählt worden. Sie waren die erste Frau im Gemeinderat. Wie waren denn allgemein die Reaktionen der Herren in diesen Gremien auf Sie? Haben Sie sich persönlich gut verstanden?

Ach, oberflächlich war es «Küsschen, Küsschen». Aber eigentlich haben sie mich als Störfaktor empfunden. Die Kollegen im Bundesrat waren masslos eifersüchtig auf mich, weil ich mehr Medienpräsenz hatte. Das hatte nichts mit meiner Qualität zu tun. Ich war einfach ein Novum. Für die Journalisten war es interessanter zu beschreiben, wenn Frau Kopp mit einem neuen Kleid ankam oder ihre Haare geschnitten hatte, als wenn die ihre Glatzköpfe poliert hatten. (lacht)

In einem Interview haben Sie einmal erzählt, dass Sie immer froh waren, wenn bei Bundesratssitzungen die Pausen vorbei waren, weil Sie dann wieder inhaltlich arbeiten konnten.

Die Männer haben in den Pausen über nichts anders als über Fussball geredet, davon habe ich nichts verstanden. Hätten sie wenigstens über Eiskunstlauf gesprochen! (lacht) Man kann sich ja für Sport begeistern, aber ich fand es primitiv, dass man bei einer Bundesratssitzung nicht noch über andere Themen reden konnte als über Fussball. Da bin ich manchmal in den Pausen sogar in mein Arbeitszimmer gegangen und habe in der Zeit weitergearbeitet. Viele Jahre nach meiner Zeit als Bundesrätin habe ich einen Dokumentarfilm über diese Zeit gesehen. Darin haben meine Kollegen nach meiner Wahl gesagt: «Wir werden Frau Kopp rückhaltlos unterstützen». Rückhaltlos! Also ohne Rückhalt. Unmissverständlicher wäre gewesen: Vorbehaltlos.

Das kann man so verstehen. Die Sprache verrät viel.

Dazu fällt mir noch etwas ein: Bei der ersten Bundesratssitzung nach meiner Wahl kam die schwierige Frage auf, wie man mich jetzt anreden solle. Damals nannte man die Ehefrauen der Bundesräte «Frau Bundesrat». Da war für mich klar, dass ich nicht so genannt werden wollte. Ich habe nichts gegen diese Frauen, die haben eine wichtige Aufgabe, aber ich hatte eine andere Funktion und ein Amt. Ich sagte also: «Ich will mit Frau Bundesrätin angesprochen werden.» Als ich das meinem Mann erzählt habe, sagte er: «Du weisst, dass ich für Gleichberechtigung bin. Darum nenne ich mich von jetzt an Herr Bundesrätin.» Leider hat sich das in der Öffentlichkeit nicht durchgesetzt. (lacht)

Und wie war die Zusammenarbeit bei den Themen, die Ihnen immer wichtig waren: Die Gleichberechtigung von Männern und Frauen?

Auch hier gab es dicke Bretter. Ein Beispiel, bei dem ich mit meinen Forderungen gescheitert bin, ist die Revision der AHV Mitte der 1980er. Ich hatte die Vorlage gründlich durchgeschaut, aber das wichtigste Frauenanliegen war wieder nicht drin, nämlich, dass Betreuungszeiten gutgeschrieben wurden. Ich habe gekämpft wie eine Löwin, aber im Bundesrat wurde es mit allen gegen meine Stimme abgelehnt. Das war das erste Mal, dass ich aufgestanden und mit Tränen in den Augen gegangen bin. Ich konnte es nicht verstehen: Das war so eine Geringschätzung der Leistungen, die Frauen erbringen.

Aber Sie hatten auch grosse Erfolge.

Mein allergrösster Kampf war für das neue Eherecht, das 1988 in Kraft trat. Das war die wichtigste Vorlage, die ich durchgebracht habe. Damals war ich jeden Tag unterwegs: Vom Genfersee bis zum Bodensee, vom Tessin bis in den Jura, um für dieses neue Eherecht zu werben. Wissen Sie, wenn man irgendeine Vorlage hat zum Beispiel zum Landwirtschaftsrecht und die wird abgelehnt, dann bringt man sie halt später wieder, vielleicht ein bisschen geändert. Das können Sie bei der Gleichberechtigung nicht! Frauen können nicht ein bisschen gleichberechtigt sein. Es geht nur ganz oder gar nicht.

Was unterschied das neue vom alten Eherecht?

Bis dahin war der Mann das alleinige Oberhaupt der Familie und Vormund der Ehefrau in finanziellen Angelegenheiten. Er konnte den Wohnort der Familie festlegen, er konnte entscheiden, ob seine Frau berufstätig sein durfte oder nicht. Das Gesetz schrieb auch die Rollenverteilung der Ehegatten vor. Das alles wollten wir im Sinn der in der Verfassung seit 1981 verankerten Gleichberechtigung von Männern und Frauen ändern.

Insbesondere die SVP war gegen das neue Eherecht. Im Internet kann man sich dazu heute noch erschreckende Interviews mit Christoph Blocher anschauen.

Damals hatte die SVP ein Plakat an jeder Säule: Ein Ehepaar im Bett und in der Mitte der Richter. Das brauchte gar keinen Text. Es war klar, was gemeint ist. Am Wahltag gab es dann aber eine klare Mehrheit für das neue Eherecht. Bei der Pressekonferenz habe ich meiner Freude und Genugtuung darüber Ausdruck verliehen. Dann fiel mir ein, dass ein Bundesrat am Ende auch immer noch etwas Nettes zu den Gegnern sagen muss. Aber was sollte ich denen denn Nettes sagen? Da habe ich gesagt, dass die, die dagegen waren, schon merken werden, dass es in der Praxis gar nicht so viel ändern wird. Wenn der Herr Blocher im Ehebett neben sich schauen würde, würde immer noch seine Silvia neben ihm liegen und nicht der Richter. (lacht)

Schlagfertig!

Ja. Das war ein Blitzeinfall, live übertragen in alle Haushalte.

Wie aber sind Sie mit der Bürde umgegangen, keine Fehler machen zu dürfen, da alle Augen – die der Kollegen, aber auch die der Öffentlichkeit – auf Sie gerichtet waren?

Mit einem eisernen Willen. Auch auf Äusserlichkeiten musste ich stark achten, viel stärker als die Männer. Ich musste darauf achten, dass ich anständig angezogen war. Ich bin auch ab und zu zum Friseur. Da stand dann gern mal auf der Titelseite einer Zeitschrift: «Frau Kopp mit neuer Frisur!» Da habe ich über die Prioritätensetzung der Medien schon oft den Kopf geschüttelt. Und natürlich war es furchtbar anstrengend, immer unter Beobachtung zu stehen.

Sie durften keine Schwäche zeigen?

Niemals. Ich erzähle Ihnen ein Beispiel dazu: Seit meiner Kindheit leide ich an Migräne. Das sind Schmerzen, dagegen ist eine Geburt gar nichts. Für mich kam gar nicht in Frage, deswegen mal eine Sitzung abzusagen. Es hätte sofort geheissen: «Wir haben doch immer gesagt, die Frauen können das nicht, die sind ja immer krank!» Wenn einer meiner Kollegen eine Grippe hatte, dann ist er halt auch bei einer Bundesratssitzung einfach zu Hause geblieben. Ich habe mich sogar einmal mit einer schweren Migräne in den

Ständerat gequält. Das war einer meiner schlimmsten Tage überhaupt. Im Rückblick muss man vielleicht sagen, dass ich mich auch fälschlicherweise so unter Druck gesetzt habe. Denn natürlich darf auch eine Frau einmal krank sein. Aber alles, was ich getan habe, wurde stärker beäugt und härter bewertet. Das ging bis zur Geschichte um meinen Rücktritt. Heute weiss man, dass die Vorwürfe damals falsch waren. Die Öffentlichkeit hat sich aber darauf gestürzt, wie es bei einem Mann nie passiert wäre.

Haben Sie das Gefühl, dass die Bürde, die auf Spitzenpolitikerinnen liegt, inzwischen geringer geworden ist?

Politikerinnen heute sind schon weniger exponiert. Es ist nicht mehr so etwas Aussergewöhnliches. Das war bei mir schon noch etwas anders. Ich war alleine, die Erste und Einzige – und zwar überall. Und entsprechend exponiert.

Woher haben Sie die Kraft genommen?

Ich hatte viel Erfolg. Das Eherecht wäre ohne mich kaum durchgekommen, das haben mir viele gesagt. Und das war ein ganz wichtiges Gesetz. Es war für mich auch sehr schön zu sehen, wie viel Freude die Leute hatten, wenn ich an Anlässen teilgenommen habe. Das war wärmer als eine Bettflasche, dieses Gefühl. Es gab auch Solidarität mit mir, aber weniger auf dem politischen Gebiet. Dort waren wir auch unterschiedliche Parteien. Aber ausserhalb schon.

Hat sich der Bundesrat durch Sie verändert?

Heute könnte es sich kein Bundesrat mehr leisten, keine Frau dabei zu haben. Das ist inzwischen selbstverständlich, es ist «a must» geworden. Sollte ein Vakuum entstehen und nur ein Mann aufgestellt werden, käme eine andere Partei und würde sofort eine Frau aufstellen. Und die würde auch gewählt. Das habe ich zusammen mit meinen Nachfolgerinnen erreicht – und das ist sehr wichtig.

Sie sind für viele Politikerinnen ein Vorbild, hatten oder haben Sie selber auch Vorbilder?

Nein, in der Schweiz gab es ja keine Frauen in der Politik. Die englische Politikerin Barbara Castle[3] aber sagte mal einen guten Spruch, an den ich in meinem Leben oft denken musste: «Wenn eine Frau erfolgreich sein will, muss sie aussehen wie ein Mädchen, sich benehmen wie eine Dame, denken wie Mann und schuften wie ein Pferd.»

Wie stehen Sie zum Thema Emotionalität in der Politik? Gibt es hier Unterschiede zwischen Männern und Frauen?

Ich habe viele Männer gesehen, die in politischen Debatten sehr emotional reagiert haben. Vielleicht ist auch hier einfach die Wahrnehmung von Emotion bei Frauen stärker, weil sie in der Minderheit sind. Gäbe es mehr Frauen, würde sich auch das verbessern.

Welchen Vorurteilen sind Sie begegnet?

Als ich mich für die Einführung obligatorischer Katalysatoren eingesetzt habe, hiess es oft: «Was versteht denn die gute Frau überhaupt von Automotoren?» Ich bin damit sehr bewusst umgegangen, war zum Beispiel vier Tage im Autotechnikum in Biel und habe mich umfassend briefen lassen. Und ich habe mich mit einem Ingenieur kurzgeschlossen, der schadstoffarme Motoren entwickelt hat. Ausgerüstet mit dieser Kenntnis konnte ich zurückschlagen und habe mich bei Veranstaltungen der Automobilimporteure, in denen sie gegen mich Stimmung machen wollten, demonstrativ in die erste Reihe gesetzt. Am Ende habe ich es sogar geschafft, dass bei einer europäischen Konferenz auch die anderen Staaten einem Obligatorium zugestimmt haben.

Die Schweiz war also Vorreiterin bei der sauberen Luft und auf dem drittletzten Platz in Europa beim Frauenwahlrecht.[4] Wo sehen Sie in Sachen Gleichberechtigung noch Handlungsbedarf?

Wir haben die Gleichberechtigung, aber wir haben noch keine Lohngleichheit. Sie kennen doch bestimmt das «Fair Trade»-Label, für Produkte ohne Kinderarbeit. Mein Vorschlag ist ein «Equal Pay-Label». Hätte ich eine Firma, würde ich gleiche Löhne zahlen – und damit aktiv werben. Und als Kundin würde ich darauf achten.

Die Idee ist innovativ.

Ich habe das schon 2014 vorgeschlagen. Aber bisher blieb die Idee komplett echolos. Equal pay und flexible Arbeitszeiten machen Unternehmen ja auch attraktiv.

Wie schaffen wir es denn, zukünftig mehr Frauen für aktive Politik zu motivieren?

Das Problem ist immer, dass Frauen, wenn sie eine Familie und einen Beruf haben, kaum mehr Zeit haben. Wenn sie sich zwischen Beruf und Politik entscheiden müssen, nehmen die meisten den Beruf. Sie verdienen dort mehr, und es ist auch nicht so risikobehaftet wie die Politik. Wenn man sieht, wie gewisse Politikerinnen auch angegriffen werden, habe ich für die Zurückhaltung sogar ein gewisses Verständnis. Aber bei Diskussionen mit Frauen sage ich immer: «Genau deshalb müsst ihr mitmachen! Damit sich etwas ändert.»

Was raten Sie jungen Frauen?

Man kann in der Politik viel bewirken, und es ist einen Versuch wert. Wenn es ihnen dann nicht gefällt oder sie enttäuscht sind, können sie ja wieder aufhören. Aber probieren sollte man es einmal. Und es ist eine ungeheuer schöne Genugtuung, wenn man sagen kann: Das wäre nicht gekommen oder viel später, wenn ich nicht dabei gewesen wäre. In meinem Fall zum Beispiel das neue Eherecht oder die Katalysatoren. Das macht Freude und macht auch ein wenig stolz. Da denke ich schon: Der Einsatz hat sich gelohnt!

1 Kopp wurde 1974 mit 80 Prozent der Stimmen zur ersten Gemeindepräsidentin der Deutschschweiz gewählt. Sie hatte dieses Amt bis 1984 inne.

2 Kopp war von 1972 bis 1979 das erste weibliche Mitglied im Erziehungsrat des Kantons Zürich.

3 Barbara Castle (1910–2002) war eine britische Politikerin der Labour Party. Sie war die erste Frau im Amt des «First Secretary of State».

4 Nur Portugal (1974) und Liechtenstein (1984) brauchten noch länger, bis sie das Frauenstimmrecht einführten. In Portugal hatten Frauen mit hoher Bildung zwar bereits seit 1931 ein gewisses Wahlrecht, ohne Einschränkungen waren die volljährigen Bürgerinnen Portugals jedoch erst ab 1974 wahlberechtigt.

«Schon als Kind fand ich Wahl-sonntage aufregend, ein besonderer Nervenkitzel.»

Fina Girard, geboren 2001, ist in Basel aufgewachsen und hat dort das Gymnasium Leonhard besucht. Sie engagiert sich seit ihrem 14. Lebensjahr bei Amnesty Youth und ist beim Klimastreik Basel aktiv. Nach der Matura hat sie sich für ein einjähriges Praktikum bei Amnesty International in Bern entschieden.

Warum es Sinn macht, schon mit 16 zu wählen

Fina Girard, Klima- und Jugendstimmrechtsaktivistin

Das Basler Rathaus ist rot, zinnoberrot. Klar, nennt man es also «Roothus», dachte ich, wenn mich meine Eltern als Kind jeweils zum Abstimmungslokal mitnahmen. Die lange Schlange kurz vor zwölf am Sonntagvormittag, verbunden mit dem besonderen Nervenkitzel, ob wir es noch rechtzeitig zur Wahlurne schaffen, und mit der leisen Vorfreude auf das Schöggeli, das mir eine freundliche Wahlhelferin zustecken würde: Wahlsonntage waren aufregend und sind mir darum bis heute sehr in Erinnerung geblieben.

Ich hatte das grosse Glück, dass mich meine Eltern mit meinem Interesse für das politische Geschehen ernst genommen haben. Auf dem Schulweg studierte ich als Primarschülerin die bunten Wahlplakate und entzifferte mühselig die grossen Lettern. Sie schienen wichtig zu sein, tauchten sie doch plötzlich an allen Ecken und Enden der Stadt auf, um bereits bald darauf wieder zu verschwinden und erst in ein paar Monaten wieder aufzutauchen. Zu Hause angekommen, löcherte ich meine Eltern am Küchentisch mit Fragen. Nie bekam ich dabei ein: «Das verstehst du noch nicht», nie ein: «Das ist eine Sache der Erwachsenen» zu hören. Zugegeben: Ich gähnte zwar manchmal verstohlen, wenn mein Vater geduldig versuchte, mir eine Finanzreform zu erklären. Aber mir wurde erklärt, wonach ich fragte, und ich wusste, dass auch ich eines Tages mein Stimmcouvert in die Urne legen darf, im roten Basler Rathaus. Mein Interesse für Politik und Gesellschaft hat mich seither nie losgelassen.

Ich gehöre zur Generation Klimastreik. Als ich an einer grossen Klimademo am 2. Februar 2019 Flyer mit den Demoparolen verteilte, hatte ich Tränen in den Augen. Von allen Richtungen strömten Junge, Alte, Familien und Freundesgruppen auf den Barfüsserplatz, unter ihren Armen und auf ihre Gepäckträger hatten sie bunte Plakate geklemmt. Es fühlte sich befreiend an, mit den eigenen Sorgen und Hoffnungen nicht mehr allein zu sein. Die Klimastreiks haben niemanden kaltgelassen, besonders nicht diejenigen unter 18.

Jede und jeder, ob begeistert oder kritisch, bildete sich eine Meinung dazu, und in Schulhöfen und am heimischen Küchentisch wurde über den Klimawandel und den Sinn und Zweck der Streiks diskutiert. Gleichzeitig twitterten namhafte Politikerinnen und Politiker darüber, ob die Klimastreikenden sich nicht lieber in einer Partei engagieren sollten, anstatt die Schule zu schwänzen. Klimastreikenden, die bereits Mitglied einer Partei waren, wurde wiederum vorgeworfen, eine angeblich naive, hysterische Jugend zu instrumentalisieren. An den Sitzungen des Klimastreiks lachten wir manchmal etwas verzweifelt über diese paradoxen Vorwürfe.

Mir und vielen anderen Jugendlichen ging es ähnlich: Wir waren perplex und fühlten uns machtlos. Irgendetwas schienen wir ja richtig gemacht zu haben: Die Klimabewegung erhielt in der Bevölkerung überraschend viel Zuspruch und dominierte die Medien über Wochen. Dennoch schienen unsere Forderungen in ihrer Dringlichkeit nicht zu denen vorzudringen, an die sie gerichtet waren: Parlamente, deren Mitglieder ein Durchschnittsalter von über 50 Jahren haben, fällen kaum Entscheide, die über den Zeitrahmen bis zur nächsten Wahl hinaus Wirkung tragen. Junge Themen fristen ein Nischendasein und stehen auf der politischen Agenda weit unten.

Es war und ist also eine logische Schlussfolgerung aus der Politisierungswelle der Klimastreiks: Die Jugend kann und muss bei politischen Entscheiden mitbestimmen. Ist es denn nicht die Aufgabe einer Demokratie, die gesamte Bevölkerung zu Wort kommen zu lassen und sie in ihren Parlamenten zu vertreten?

Die Vorstellung, dass meine Grossmutter 44 Jahre alt werden musste, bis sie zum ersten Mal an einer nationalen Abstimmung teilhaben konnte, macht mich daher immer wieder sprachlos. Meine Grossmutter war kein Heimchen am Herd, das sich nicht um Politik scherte. Neben ihrem langjährigen Engagement als Pfarrfrau für das gesellschaftliche Leben einer Landgemeinde, natürlich unentgeltlich, zog sie fünf Kinder gross. Hunderttausenden starken Frauen wie ihr trauten die Herren dieses Landes jedoch nicht zu, sich eine eigene Meinung bilden zu können und diese auch zu vertreten. Ich weiss, dass ich es der unermüdlichen Arbeit von Generationen oft vergessener, aber unglaublich mutiger Frauen zu verdanken habe, dass ich heute als junge Frau so selbstverständlich am politischen Geschehen teilnehmen kann. Unsere Demokratie dürfen wir keineswegs für selbstverständlich nehmen. Sie ist das Ergebnis jahrhundertelanger Arbeit. Unsere Demokratie ist kostbar und muss bewahrt werden. Das Interesse an der Politik und damit die Freude am politischen Mitgestalten müssen darum stets an die nächste Generation weitergegeben werden. Wählen und Abstimmen sollte eine Plattform für Austausch und Mitgestaltung sein, die auch uns Jugendlichen offensteht. Politiker*innen fahren jedoch fort, uns kleinzureden, während uns gleichzeitig bereits mit 16 Jahren zugetraut wird, wegweisende Entscheidungen in Ausbildung und Berufswahl zu treffen. Das Teilnehmen an politischen Entscheiden, die unser Leben langfristig beeinflussen können, wird uns dagegen untersagt.

Mit der Senkung des Stimmrechtsalters auf 16 Jahre könnten Jugendliche auf ihrem Weg zu aktiven Stimmbürger*innen begleitet werden. Denn unser jetziges Bildungssystem lässt uns Jugendliche in politischen Fragen alleine. Wer keine weiterführende Schule besucht, hat je nach Kanton das politische System der Schweiz im Unterricht kaum kennengelernt. Eine Studie erfasste 2017, dass die Hälfte aller Schweizer Jugendlichen das Gefühl hat, wenig bis gar nichts über die Schweizer Politik zu wissen.[1] Das ist nicht der Fehler von uns Jugendlichen. Wer möchte, dass wir uns nach dem Erreichen der Volljährigkeit aktiv am politischen Geschehen beteiligen, muss uns von Beginn an ernst nehmen und Möglichkeiten zur Partizipation schaffen. Nur wer schon früh vermittelt bekommt, dass die eigene Meinung etwas zählt und wahrgenommen wird, hat langfristig Lust daran, sich zu engagieren.

Letzten Herbst bin ich volljährig geworden. Mein 18. Geburtstag fiel exakt auf den Tag der Nationalratswahlen am 20. Oktober 2019. Ich freute mich unglaublich auf meinen ersten Urnengang, telefonierte schon Monate zuvor mit dem zuständigen Amt, um nachzuhaken, ob ich denn auch wirklich bereits an meinem Geburtstag stimmberechtigt wäre. Erstaunlich, aber wahr: Auf dem Amt wusste man das zuerst nicht. Vermutlich war ich die Einzige, die jemals die Frage gestellt hat, ob man schon am Tag der Volljährigkeit abstimmen gehen darf.

Das geringe politische Interesse der Jugendlichen vor der «Generation Klimastreik» ist vielleicht das Ergebnis davon, dass sie in ihrer Jugend nie ernst genommen wurden. Die Millennials waren keine

Wegbereiter für uns. Sie haben Vorurteile gegenüber Jugendlichen, wie «politisches Desinteresse» und «geringe Wahlbeteiligung» gefestigt. Dabei weiss ich, dass viele junge Menschen in der Schweiz heute, genau wie ich bis vor Kurzem, ungeduldig auf den Tag warten, an dem sie zum ersten Mal abstimmen dürfen. Ich wünsche mir, dass sie nicht auf ihren 18. Geburtstag warten müssen.

Mein Wahlcouvert lag schliesslich doch im Briefkasten. Am Sonntagmorgen radelte ich, wie früher mit meinen Eltern, zum Wahllokal in der Innenstadt. Stolz liess ich meinen Wahlzettel in die Urne gleiten, im zinnoberroten Basler Rathaus. Wie lange hatte ich diesen Moment herbeigesehnt.

1 www.dsj.ch/blog/politische-partizipation-von-jugendlichen/wie-ticken-jugendliche-politisch-in-der-schweiz (abgerufen im April 2020)

«Die Geschichte
der Frauen
ist keine kleine
Nebengeschichte.
Das ist eine
grosse Geschichte,
die viel aussagt
über unser Land.»

Petra Volpe, geboren 1970 in Suhr AG, studierte zunächst Kunst in Zürich, später Dramaturgie und Drehbuch in Potsdam. Mit dem Film «Traumland» (2013) und ihrem Drehbuch für «Heidi» (2015) hatte sie sich in der Schweizer Filmbranche bereits einen Namen gemacht, bevor mit «Die Göttliche Ordnung» (2017) auch international der Durchbruch kam. Der unterhaltsame Film über die Emanzipation der Hausfrau Nora und den Kampf ums Frauenwahlrecht 1971 gehört zu den erfolgreichsten Schweizer Filmen überhaupt.

Die Geschichte der Frauen muss erzählt werden!

Petra Volpe, Regisseurin, im Gespräch mit Isabel Rohner

Als langjährige Wahlberlinerinnen treffen sich die Regisseurin und Drehbuchautorin Petra Volpe und Isabel Rohner in einem kleinen, sehr international angehauchten Café in Neukölln zu einem späten Frühstück. Die Besitzer sprechen Englisch, an den Nebentischen mischen sich Deutsch, Englisch, Türkisch und Französisch.

Petra Volpe, die inzwischen mit ihrem amerikanischen Partner hauptsächlich in New York wohnt und nur noch ab und zu in Berlin ist, bestellt Tee und einen Cinnamon Bun. Sie wirkt konzentriert, so als sei sie erst vor wenigen Minuten aus der Arbeit an einem Text aufgetaucht. Sie erzählt dann auch fast entschuldigend, dass sie gerade an einem Film über die Insassen eines amerikanischen Männergefängnisses arbeitet und sie das Thema sehr beschäftige. Petra Volpe spricht Schweizerdeutsch, immer wieder durchmischt mit amerikanischen Ausdrücken. «Jetzt aber los zum Frauenstimmrecht!», sagt sie mit einem Grinsen.

Petra, woran denkst du, wenn du 50 Jahre Frauenstimmrecht hörst?

Der erste Gedanke, der mir kommt, ist: «Erst 50 Jahre?! It's a small step.» Dann kommt der Gedanke: «Immerhin! Das muss man feiern!» Ich fand es ja auch wichtig, dass das Frauenstimmrecht im Film «Die Göttliche Ordnung» richtig gefeiert wird. Damit wird deutlich: Das war eine grosse Sache für die Frauen in der Schweiz! Ein wichtiger Sieg! Darüber dürfen und sollen sich Frauen freuen. In den 1970ern gab es ja die verbreitete Haltung, auch der Frauen, O.K., ja, das Frauenstimmrecht ist da – jetzt reicht es mit dem Thema ...

... und jetzt sprechen wir nicht mehr drüber!

Genau! Die Frauen haben sich mehrheitlich brav an diese Regel gehalten. Die Frauen sind in der Schweiz ja immer so wahnsinnig bescheiden. Ich finde, man hätte sagen müssen: «Ja, wow, wir haben es geschafft, wir sind stolz und schweigen nicht mehr über unsere Unterdrückung!»

Stattdessen Schweizer Bescheidenheit?

Das fand ich bei all meinen Recherchen über die Frauenbewegungen in der Schweiz so interessant: In den 1970er-Jahren gab es einen richtigen Clash zwischen den älteren Frauen wie Marthe Gosteli[1] und den jungen Feministinnen, die der Meinung waren: «Fuck this! Wir gehen auf die Strasse! Wir machen Radau! Wir sind kämpferisch.» Diese Frauen haben 1969 dann auch unter Führung von Emilie Lieberherr[2] die grosse Demo organisiert, die älteren Frauen waren dagegen. Diese ältere Generation hatte die Strategie, den Männern zu zeigen, dass Frauen vernünftig sind, dass man mit den Frauen reden kann. Für diese Generation galt: «Wir rebellieren nicht, wir sind nicht laut, wir sind nicht frech, wir sind nicht gewalttätig, wir sind ganz ruhig. Und damit beweisen wir den Männern, dass wir das Stimmrecht verdient haben.» Das war aber eine Strategie, die nur bedingt funktioniert hat. Natürlich waren diese Frauen trotzdem Wegbereiterinnen, ohne sie hätte es vielleicht die Demo nicht gegeben. Bezeichnend aber ist diese Einstellung: «Wir wollen nicht wirklich anecken». Mit dieser Haltung haben sich viele Frauen dem System untergeordnet. Die Frauen hatten Schiss. Das ist uralt: Schon im alten Christentum galten aufmüpfige Frauen als hysterisch. Alle diese Zuschreibungen – hysterisch, zickig, blaustrümpfig – nehmen uns Frauen die Relevanz, sie machen uns lächerlich. Vor diesen Labels haben die Frauen Angst. Also tippen sie lieber einen «vernünftigen» Antrag, wo es doch um ihre Menschenrechte geht, schicken ihn per Post los und warten dann brav auf eine Antwort – die dann eine höfliche Absage ist. Darüber regt man sich dann aber nicht auf oder zündet vielleicht sogar ein Haus an – sondern schreibt wieder eine vernünftige Antwort.

Lauter ist besser?

Es braucht immer eine Form der Explosion, eine Form der körperlichen Manifestation, einen lauten Ausdruck, um Veränderungen wirklich in die Wege zu leiten. Das kann man von anderen

Bewegungen lernen zum Beispiel vom Civil Rights Movement oder auch von den Queer Rights, von Stone Wall. Stattdessen sind viele Probleme auch heute noch nicht gelöst für die Frauen.

Zum Beispiel?

Ich möchte jetzt gar nicht so sehr auf die praktischen Dinge eingehen, denn die kennen wir alle: fehlende Vereinbarkeit, ungleiche Löhne, AHV. Mir geht es mehr um die unbewussten Vorurteile. Da fehlt uns noch ein Riesenschritt. Die Bilder und Vorstellungen, die wir noch immer von Männlein und Weiblein haben, halten sich hartnäckig. Mich interessiert: Wie kommen wir da ran? Wie lässt sich das verändern?

Das ist natürlich das dickste Brett überhaupt: das Denken zu verändern.

Ich glaube, die Idee, was ein Mann ist und was eine Frau ist, das ist wie die letzte Religion, an die sich alle klammern. Es gibt ja keinen Gott mehr, alle glauben, was sie wollen. Alle sind überfordert mit den Nachrichten, die Welt ist so komplex geworden – und alle haben so viele Freiheiten. Das ist für viele eine Überforderung. Und ich glaube, dass man sich darum an der letzten Bastion festhält: «Aber ein Mann ist immer noch ein Mann! Und eine Frau ist immer noch eine Frau! Und wir wissen alle ganz genau, was das ist.» Es ist eine gesamtgesellschaftliche Aufgabe, das zu ändern.

Du lebst sehr international, in Berlin und in New York. Das verändert ja auch den Blick auf die Heimat und die eigenen Wurzeln. Nimmst du das auch so wahr, dass in der Schweiz einige Debatten geführt werden, die andere Länder schon seit Jahren oder gar seit Jahrzehnten hinter sich haben?

Die Schweiz hinkt hinterher, das kann man schon so sagen. Die Schweiz ist eine Bubble. Das empfinde ich auch immer so, wenn ich aus dem Ausland wieder heimkomme – und natürlich geniesse ich diese Bubble auch. Man hat sofort das Gefühl, leicht sediert zu sein. Man bekommt sofort das Gefühl: Es ist alles gut, es ist alles super organisiert. Wir haben einen irrsinnigen Lebensstandard in der Schweiz, der praktisch nirgendwo ausserhalb unserer Grenzen existiert. Auch hier in Berlin nicht – und in Amerika sowieso nicht. Von anderen Ländern ganz zu schweigen. Wenn man aber immer in dieser Suppe, in diesem Porridge ist, warm und süsslich, dann verliert man irgendwann den Blick für die grösseren Zusammenhänge. Die Schweiz überschätzt manchmal auch ihre Bedeutung in der Welt. Es gibt oft so eine aufgeblähte Selbstwahrnehmung in der Schweiz – und was nicht dazu passt, wird unter den Teppich gekehrt. Darüber wird geschwiegen.

Zum Beispiel die unrühmliche Geschichte des Frauenstimmrechts.

Ja, absolut. Es war extrem beschämend: Man hat sich erst bewegt, als Druck von aussen kam. Als es einfach zu peinlich wurde, die Situation weiterhin so zu belassen. Da haben Politiker gesagt: O.K., es ist eine Ungerechtigkeit, dass Frauen bei uns nicht abstimmen dürfen – in einer Demokratie! Oder das Verhalten der Schweiz im und nach dem Zweiten Weltkrieg – vom Judengold über den Umgang mit Kriegsverbrechern aus Nazi-Deutschland bis zur Kasernierung von Holocaust-Überlebenden. Darüber habe ich fürs Schweizer Fernsehen eine Serie gemacht: «Frieden». In meinem Schulunterricht war dies alles nie Thema.

Auch die Frauenbewegungen in der Schweiz werden einfach ausgeklammert.

Wie gross die Frauenbewegung in der Schweiz war, wie aktiv sie war, dass Frauen 100 Jahre lang fürs Stimmrecht gekämpft haben, dass sie immer abgeschmettert wurden ... Ich habe erst mit der Recherche zur «Göttlichen Ordnung» erfahren, was das überhaupt für einen langen Vorlauf hatte. Ich finde: Das ist keine kleine Nebengeschichte! Das ist eine grosse Geschichte, die viel aussagt über unser Land und über die Geschichte der Frauen. Die Nachwirkungen spüren wir auch heute noch. Das ist ja nicht so: Jetzt können die Frauen wählen, jetzt ist alles vergessen. Die Haltung der Leute, der Konservatismus in Form von reaktionärem Denken, in Form von Sexismus gegenüber Frauen – das ist auch heute noch präsent.

Du siehst also bei den Schweizerinnen und Schweizern eine Weigerung, sich mit den eigenen Wurzeln auseinanderzusetzen?

Ich sehe zwei Aspekte: Das eine ist die Geschichte der Frauen, die einfach nicht erzählt wird. Man könnte die ganze Weltgeschichte aus der Perspektive der Frauen erzählen und man würde auf ziemlich erstaunliche Errungenschaften stossen – auch wenn die Frauen nicht an der Macht waren. Trotzdem könnte man die Geschichte so betrachten und sich fragen: Wie haben die Frauen unsere Gesellschaft mitgestaltet? Was hatte das für Auswirkungen, dass das Potenzial der Frauen intellektuell und sozial eben nicht mitgenutzt wurde? Das ist auf der ganzen Welt untererzählt. Auch heute noch. Ich liebe Zahlen und Statistiken: Just look at the numbers! Das ist für mich gar keine Diskussion mehr, die man mit Argumenten führen muss – man muss nur auf die Zahlen schauen. Es ist unleugbar und zeigt sich überall: in der Literatur, in der Kunst, in der Gesellschaft, in der Geschichtsschreibung, es zeigt sich in jedem Bereich. Das andere ist: Ich glaube, dass sich eine Gesellschaft nur im guten Sinne entwickeln kann, wenn sie bereit ist, die eigenen dunklen Stellen anzuschauen. Das gilt für den einzelnen Menschen – Menschen, die das eigene Trauma oder die eigenen dunklen Seiten verleugnen, wird das irgendwann zum Verhängnis – und genauso für eine Gesellschaft. Ich glaube, es verhindert kritisches Denken, es vermindert Empathie und es schmälert unseren Blick auf uns selber und auf die Welt. Und ehrlich gesagt, sehe ich es persönlich als patriotischen Akt, mich mit der Geschichte meines Landes, mit meiner Herkunft zu befassen, auch wenn sie nicht so löblich ist.

Die «Göttliche Ordnung» war der erste Film, der sich mit der Geschichte des Schweizer Frauenstimmrechts in Fiction beschäftigt hat. Wie bist du auf das Thema gekommen?

Mein Produzent Reto Schärli ist auf diese Idee gekommen. Aber alle meine Filme vorher haben sich mit Frauen und ihrer Rolle in der Familie und in der Gesellschaft auseinandergesetzt. Eines Tages kam aber Reto, mit dem ich sehr eng zusammenarbeite, und sagte: «Man müsste mal einen Film machen über die Geschichte des Frauenstimmrechts.» Und ich dachte nur: «Ich Depp! Warum bin ich darauf nicht selber gekommen?» (lacht) Aber Gott sei Dank ist er ja darauf gekommen. Danach ging die Arbeit los: Wie erzählt man das, so dass es auch eine grosse Masse ins Kino lockt? Ich wollte keinen Film machen, den man als kleinen feministischen Politfilm abstempeln konnte, den dann am Ende 4000 Leute sehen. Ich wollte einen publikumsfreundlichen Film machen, der aber die Sache nicht verrät. Das war eine Gratwanderung. Ich habe bestimmt ein Jahr lang recherchiert, bevor ich mich überhaupt entschieden habe, was es für ein Film werden soll. Ich habe mich mit vielen Frauen getroffen, ganz viel über die Schweizer Frauenbewegung gelesen. Ich habe mich dann gefragt: Wie kann ich das, was ich da alles erfahren habe, in eine emotionale Geschichte packen mit einer Figur, mit der man sich identifizieren kann? In Nora erwacht der Feminismus und der Sinn für die Ungerechtigkeit, aber noch viel universeller die Erkenntnis: The private is political. Das war mein Leitfaden. Das gilt bis heute: Was in deiner Küche passiert, ist politisch. Wie du dich deiner Frau gegenüber verhältst, ist politisch. Wie du dich deinem Mann gegenüber verhältst oder was du deinen Kindern mitgibst, hat politische und gesellschaftliche Konsequenzen. Mir war wichtig, ein grosses universelles Thema zu transportieren, das Männer wie Frauen betrifft.

Durch diesen Film wirst du auch als Expertin für Frauenwahlrecht wahrgenommen.

Ja (lacht), was ich aber nicht bin.

Wie bist du mit dieser Zuschreibung umgegangen?

Meine grösste Angst war, einen Film zu machen, in dem sich die Frauen nicht wiedererkennen. Ich wollte eine Ode an die Schweizer Frauen machen! Und ich wollte, dass die Schweizer Frauen und die Frauen überhaupt – nicht nur die Schweizerinnen – sich wiedererkennen und finden: Hier wird unsere Geschichte erzählt! Das war ein grosser Anspruch. Erst als der Film in Solothurn angelaufen ist und eingeschlagen ist wie eine Bombe und ich von vielen Frauenorganisationen angesprochen worden bin, habe ich gemerkt, dass der Film mir die Plattform gegeben hat für meine feministischen Überzeugungen. Ich habe dann wirklich bei jeder Vorstellung des Films dazu aufgerufen, dass die Leute abstimmen gehen sollen. Ich habe immer gesagt, die Demokratie existiert nicht, wenn ihr nicht abstimmen geht! Es gibt eine Faulheit, die Leute gehen nicht mehr zur Wahl, geben das auch nicht an ihre Kinder weiter – ich kenne das auch aus eigener Erfahrung: Ich war zwar immer schon frauenpolitisch aktiv, bin auf Demos gegangen und habe mich früh Feministin genannt: Aber zur Wahl bin ich lange nicht gegangen, weil es einfach niemand machte in meinem Umfeld. Wir waren so eine verwöhnte Generation, die gar nicht gecheckt hat, wie wichtig das ist. Ich glaube, dass das viele meiner Generation betrifft. Erst seit ich so Ende 20 bin, gehe ich immer wählen. Demokratie ist nicht selbstverständlich. Es braucht einfach den Einzelnen, der wenigstens bereit ist, zur Urne zu gehen.

Wann hast du in deiner Sozialisation gemerkt, dass Männer und Frauen unterschiedliche Chancen haben?

Da war ich etwa sechs Jahre alt. Im Kindergarten: Wer spielt mit wem? Wer darf womit spielen? Ich und mein Bruder – wer macht was im Haushalt? Ab dem Moment, in dem ich angefangen habe zu kapieren, wie die Aufgaben in der Welt verteilt sind. Das hat mir schon alles erzählt, was ich wissen musste.

Und hast du das als Kind schon thematisiert? Warst du, was man ein «renitentes Mädchen» nennt?

Definitiv. Sehr renitent. Ich habe es nie verstanden, warum ich abwaschen und abtrocknen soll und mein Bruder nicht. Ich habe es nie verstanden, warum ich als Mädchen das und das machen muss und ein Junge nicht. Ich war schon in der Schule eine Frauenrechtlerin. Damals stand ich damit aber ziemlich allein da. Auch später, als ich schon Filmemacherin war, hatte ich oft Diskussionen mit anderen Filmemacherinnen, die gesagt haben, dass sie keine Feministinnen seien, das würde es ja schliesslich nicht mehr brauchen – wir sind doch darüber hinweg! Dieselben Frauen blasen jetzt laut ins Horn des Feminismus. Und ich finde es super! Better late than never! Es ist leider so, dass meine Generation früher einfach Angst hatte, als unsexy dazustehen. «Du Feministin» war ein Schimpfwort. Niemand wollte als «Feminazi», oder «als frustrierte Altjumpfer mit haarigen Beinen, die keinen abbekommen hat» dastehen. Kann ich auch verstehen, das sind machtvolle Bilder, wenn man jung ist. Dabei waren wir ziemlich befreit, auch sexuell – das hat man gar nicht zusammengebracht mit dem Feminismus. Ich finde es gut, dass Frauen heute wieder mit feministischen T-Shirts rumlaufen.

In der «Göttlichen Ordnung» zeigst du deutlich, was alles im Argen liegt. Dennoch ist das, was deinen Film ausmacht, seine positive Energie, sein Empowerment. Man geht tanzend aus dem Kino raus.

Oh ja, Empowerment ist mir extrem wichtig! Wir haben für die Vorführungen auch diese Pussy-Postkarten drucken lassen mit den unterschiedlichen Vulven, die auch im Film auf einem Plakat gezeigt werden. Zum Teil sind 500 Frauen angestanden, um so eine Postkarte zu bekommen: Alte Müettis, junge Frauen, Frauen mit ihren Müttern und Töchtern und Grossmüttern. Wie im Film kennen auch viele dieser Frauen ihren eigenen Körper nicht. Ich habe die Filmvorführungen also auch für Body Empowerment genutzt: Es herrscht ein Krieg gegen unseren Körper und das schwächt uns politisch – wir müssen alle gemeinsam dagegenhalten. Ich habe die Chancen, die mir der Film eröffnete, also sehr bewusst genutzt.

Hast du auf deinen Film hin auch negative Rückmeldungen bekommen?

Nein, gar nicht. Natürlich gab es oft bei Vorführungen diesen einen Mann, der meinte, er müsste mich jetzt belehren. Aber das war eher lustig, denn ich konnte mich immer voll auf mein Publikum verlassen, das auch keinen Bock hatte auf Mansplaining.

Der Film wurde auf der ganzen Welt gezeigt.

In den USA, Australien, Afrika, Asien, Jordanien, Tunesien ... Wir konnten viel feministische Propaganda machen. (lacht)

Wie war denn deine Erfahrung in den anderen Ländern?

Ich hatte eine Vorstellung bei der Uno in Genf für die Offices der unterschiedlichen Länder. Da kam eine Frau auf mich zu, wir würden sagen: aus einem Drittweltland. Und die sagte zu mir, sie habe das alles nicht gewusst, sie habe bisher so ein perfektes Bild von der Schweiz gehabt, die würden immer alles richtig machen. Jetzt sei ihr klar geworden, dass auch die Schweiz nicht immer alles gut macht. Das hat ihr Mut gemacht. Das fand ich spannend. Wenn man ein Land wie die Schweiz immer so makellos präsentiert – wir sind die Innovationskönige, bei uns ist alles super, unseren Leuten geht es prima –, ist das eine Verzerrung. Das wertet alle rund um uns herum ab und gibt den anderen das Gefühl, Loser zu sein. Da ist es gut zu sagen: Nein, wir haben auch unsere Probleme, wir haben auch schwarze Flecken bei unserer Wahrnehmung. Das bringt uns auf ein Level mit den Leuten und das schafft Empathie und Verbindung.

Ambivalenz macht sympathisch!

Genau: Ambivalenz verbindet, schafft Solidarität, schafft auch Kommunikation. Das habe ich auch in Tunis und in Jordanien erlebt. Das hat die Menschen ermutigt, dass ein Land wie die Schweiz damit gestruggelt hat. In Jordanien sind die Frauen so unterdrückt, und alle, die sich für Frauenrechte einsetzen, haben es so schwer. Und die konnten sich extrem mit dieser Nora identifizieren. Das fand ich bewegend, dass sich die Jordanierinnen in einer Schweizer Hausfrau wiederfinden, sich mit ihr identifizieren, mit ihr mitfiebern und ganz genau wissen, worum es geht. Und in Amerika auch: Der Film hatte kurz nach der Wahl von Trump Premiere in Tribecca, und da war es schon klar, dass die Wahl eines Typen, der Pussy grabben will, schrecklich ist …

… und der gegen eine Frau gewonnen hat, Hillary Clinton, die objektiv die kompetenteste Bewerberin von allen war.

Das war ein Schock – und der Film sprach allen im Publikum aus der Seele.

Trotzdem gibt es kaum Äquivalente zu deinem Film.

Ja, das ist traurig und bezeichnend. Der erste Film, den ich über das Thema gesehen habe, war «Suffragette» von 2015, aber den habe ich leider nicht gut gefunden. Trotzdem wichtig, dass es den Film gibt. Insgesamt gibt es aber wenig Filme über Frauen und ihre Geschichte. In den letzten zwei, drei Jahren hat sich das verändert. In den USA habe ich tonnenweise solche Angebote bekommen – aber oft war es zu ähnlich wie das, was ich bereits gemacht habe. Ich habe das alles abgelehnt. Es gibt noch hundert andere Geschichten, die ich noch erzählen will und muss. Ich will mich aber nicht wiederholen. Auch andere Filmemacherinnen und Filmemacher müssen Geschichten von Frauen erzählen – und solche Projekte müssen auch gefördert werden.

Hat sich denn die Bereitschaft der Produktionsfirmen bzw. der Geldgeber verändert, solche Projekte zu fördern?

Das ändert sich leider nur sehr langsam. In der Schweiz wird jetzt stärker darauf geachtet. Was auch damit zu tun hat, dass Untersuchungen ergeben haben, dass der Bund bisher Filmemacherinnen ganz klar diskriminiert hat: 80 Prozent der Produktionsförderungsmittel sind bislang an Männer gegangen. Genauso in Deutschland und in den USA.

Wie ist der Stand von weiblichen Filmschaffenden in den USA?

Hollywood ist das sexistischste Business, das es auf der Welt gibt. Es ist sexistischer als das Militär. Das ist so krass – es verschiebt sich nur ganz langsam. Meine Agentin hat gesagt, ich komme zur richtigen Zeit. Gerade stellen Studios viele Frauen an, weil sie jetzt einfach nicht mehr anders können. Weil Frauen so massiv Druck gemacht haben. Es gilt aber nach wie vor: Wenn du als Frau einen Flop hast, bist du lange weg vom Fenster. Als Mann ist das nicht unbedingt so, dem wird ein mittelmässiger oder schlechter Film verziehen. Diese unconscious bias, also die unbewussten Vorurteile, sind tief verankert. Auch bei mir als Feministin, bei uns allen. Es gibt so viele Aspekte, bei denen wir wachsam sein müssen, zum Beispiel das Thema Alter: Bis wann ist eine Frau noch wertvoll: als Frau, als Künstlerin, als Arbeiterin? Geht es nach «der Gesellschaft» scheint das nach 50 aufzuhören. Das müssen wir hinterfragen.

Wie sieht es in der Filmbranche mit Frauennetzwerken aus?

In den USA unterstützen sich die Frauen sehr. Es gibt diese Neidelei nicht. Das ist toll zu sehen und zu erleben. Ich umgebe mich auch mit vielen Frauen, meine Managerin ist eine Frau, meine Agentinnen sind zwei Frauen. Ich versuche, wo ich kann, mit Frauen zusammenzuarbeiten. Aus dem Fakt, weil sie gut sind, zum Teil die Besten auf ihrem Gebiet. Und für mich ist es auch ein Statement: Ich arbeite mit Frauen, ich fördere Frauen.

Du hast vorhin gesagt, Hollywood sei sexistischer als das Militär. Bislang hat erst eine Frau den Oscar für Regie gewonnen.

Das sagt doch schon alles. Das ist aber nur die Spitze des Eisbergs. Es gibt jetzt das Geena Davis Institute, das wichtige, aber auch erschreckende Statistiken veröffentlicht.

Ergebnis der letzten Studie: Frauen sind im Film viermal häufiger nackt als Männer und reden halb so viel.

Genau. Es ändert sich nur sehr langsam. Neu ist aber, dass immer mehr einflussreiche Machos Angst haben, weil Frauen nicht mehr schweigen und dank #MeToo sagen: Schluss damit! Selbst Christine Blasey Ford, die den Obersten Richter Brett Kavanaugh angeklagt hat, sie sexuell belästigt zu haben – selbst, wenn sie damit nicht erfolgreich war –, hat ganz vielen Frauen Mut gemacht. Und es kommen ständig neue Frauen, die sagen: Ich kann diese Geschichten der Übergriffe, des Sexismus, der Diskriminierung nicht mehr für mich behalten. Das finde ich super.

Du hast einmal gesagt: «Der Feminismus ist eine zutiefst soziale Idee, die sowohl den Männern wie den Frauen dient». Warum haben das noch immer so wenige verstanden? Hat der Feminismus so ein schlechtes Marketing?

Ich weiss nicht, ob es am Marketing liegt. Ich glaube, es liegt an der Macht der patriarchalen Narration. Ich will das nicht dem Feminismus zur Last legen, dass wir es noch nicht geschafft haben. Die Männer wollen den Kuchen nicht teilen. Das liegt nicht am Feminismus. In meinem Verständnis setzt sich der Feminismus gegen Ungerechtigkeiten gegen alle marginalisierten Menschen ein und setzt sich für bessere Rechte für alle Menschen ein, für Menschenrechte, für bessere Arbeitsbedingungen. Das ist eigentlich eine zutiefst antikapitalistische Bewegung. Eine Bewegung die gegen «Profit um jeden Preis» geht, die etwas anderes ins Zentrum rückt: den Gedanken der Gerechtigkeit und der Gleichberechtigung. Und da gibt es eine Elite, die vom Kapitalismus zutiefst profitiert, die nicht bereit sind, Macht und Einfluss aufzugeben. Diese Leute wollen lieber, dass die Erde zugrunde geht, als dass sich durchsetzt, was die sozialen Bewegungen erreicht haben. Das sieht man gerade bei den Republikanern in den USA und das sieht man auch bei den Amokläufen von Männern, die lieber ihre ganze Familie umbringen und lieber alle mit in den Tod reissen, als dass die Frau sich befreien kann. Es ist eine Politik der verbrannten Erde. Ein letztes Aufbäumen von zutiefst konservativen, zutiefst verunsicherten Männern, von einem System, das merkt, dass es sich nicht halten lässt. Ich hoffe, wir erleben gerade – das ist meine optimistische Utopie (lacht) – das Ende von diesem alten System, das sich noch ein letztes Mal aufbäumt.

Hast du noch einen Tipp für Frauen?

Der ärgste Feind ist der Feind, den man im Kopf hat, der einen selber limitiert. Das sind all die Stimmen, die einem sagen, was man kann und was man nicht kann. Diesen Stimmen darf man nicht trauen. In meinem Beruf braucht man viel Leidenschaft, viel Geduld. Es fliegt einem nie etwas zu. Aber die Motivation muss immer aus der Leidenschaft kommen, dort findet man seine Kraft.

1 Marthe Gosteli (1917–2017) war ab 1953 im Vorstand des bernischen Frauenstimmrechtsvereins aktiv und war von 1964 bis 1968 dessen Präsidentin. Zudem war sie von 1967 bis 1971 Vizepräsidentin des Bundes Schweizerischer Frauenvereine und präsidierte 1970/1971 die Arbeitsgemeinschaft der Schweizerischen Frauenverbände für die politischen Rechte der Frau. 1982 gründete sie das «Archiv zur Geschichte der schweizerischen Frauenbewegung». Diese in der Schweiz einmalige Einrichtung sammelt Quellen zur Geschichte der Schweizer Frauen, bewahrt die Archivalien von Frauenorganisationen und einzelnen Akteurinnen der Frauenbewegungen auf und bietet eine Fachbibliothek.

2 Emilie Lieberherr (1924–2011) war 1969 die Präsidentin des Aktionskomitees für den Marsch nach Bern. Von 1970 bis 1994 war sie Stadträtin der Stadt Zürich und Vorsteherin des Zürcher Sozialamts, zudem von 1976 bis 1980 die erste Präsidentin der Eidgenössischen Kommission für Frauenfragen. Von 1978–1983 war sie eine der ersten Ständerätinnen der Schweiz.

«Iris von Roten hat die Leute mit knallharten Fakten dazu gezwungen, die Frauenfrage ernst zu nehmen.»

Anne-Sophie Keller, geboren 1989 in Bern und aufgewachsen in Thun. Seit 2010 arbeitet sie in Zürich als Gesellschaftsjournalistin, Kolumnistin und Autorin. Sie engagiert sich für die Gleichstellung der Geschlechter, organisiert Workshops, moderiert Podien und gibt regelmässig Interviews zu Gleichstellungsfragen. 2017 erschien ihr erstes Buch, eine feministische Bestandsaufnahme über Iris von Roten, im Xanthippe Verlag.

Iris von Roten – Wegbereiterin und Hassobjekt

Anne-Sophie Keller, Journalistin

Es geschah am 5. März 1957 in einem beschaulichen Walliser Dorf namens Unterbäch. An diesem Tag verlieh die Unterbächner Gemeindeverwaltung ihren Bürgerinnen ein einmaliges Abstimmungsrecht – gegen den Willen von Kanton und Landesregierung. Es bedurfte dazu nur einer grammatikalisch korrekten Auslegung der Bundesverfassung. Denn: Mit den Begriffen der stimmberechtigten «Schweizer» oder «Bürger» war doch die Frau schliesslich mitgemeint!

Entschieden werden sollte an diesem historischen Tag über eine obligatorische Wehrpflicht der Frauen im Rahmen des Zivildienstes. Dass die Frauen hier mitbestimmen durften, war also mehr als nur fair.

33 von 86 Unterbächerinnen wagten den Gang ins Abstimmungslokal – in der abendlichen Dunkelheit, um den Beschimpfungen konservativer Nachbarn auszuweichen. Der historische Tag machte internationale Schlagzeilen. Gesamtschweizerisch war es das erste Mal überhaupt, dass Frauen an die Urne durften. Das Frauenstimmrecht kam erst 14 Jahre später.

Die damaligen Gemeindeväter von Unterbäch wagten diesen Schritt auf Anraten von Iris und Peter von Roten. Das Paar setzte sich zu jener Zeit schon für die Rechte der Frauen ein. Heute gilt Unterbäch als «Rütli der Schweizer Frau». «Diese Vorstellung gibt ein Triumphgefühl», sagte Iris von Roten in einer Ansprache 1958. Der Anlass war für sie ein Anfang der Freiheit und – gerade was die Freiheit der Frauen anbetraf – der Ausgangspunkt zur Erkämpfung der vollen Freiheit. Es seien die Frauen selbst, die mit ihrer Freiheit, ihrer Gleichberechtigung nun Ernst machen müssen.

Iris von Roten war eine Frau, die alles wollte. Freiheit, beruflichen Erfolg, wilde Abenteuer, lockende Fernen. Die Hochzeit mit Peter von Roten geschah gegen den Willen seiner Familie, ihre Tochter Hortensia wurde früh «fremdbetreut» und auch sonst lebte Iris von Roten ein Lebenskonzept jenseits der damaligen Norm. Ihr Lebenswerk «Frauen im Laufgitter», war ein Skandal und machte sie über Nacht zur meistgehassten Frau der Schweiz.

Ihr Leben war gezeichnet von Ehrgeiz und Kompromisslosigkeit: Als Iris Meyer erblickte sie 1917 in Basel das Licht einer Männerwelt. An der Universität Bern promovierte sie in den Rechtswissenschaften, was damals noch eine seltene Frauenkarriere war. Zudem war sie als Journalistin tätig und schrieb unter anderem für das «Schweizer Frauenblatt» gesellschaftskritische Texte, für die sie sich nicht nur beliebt machte. Ein Vorgeschmack auf das, was später kommen sollte.

1946 heiratete sie Peter von Roten. Doch sie wollte kein Leben als «Nurhausfrau» – wie sie es bezeichnete. Also wurde sie nicht nur von Rotens eheliche Partnerin, sondern auch seine Partnerin in der gemeinsamen Kanzlei. Ein paar Jahre nach dem Ende des Zweiten Weltkriegs reiste sie in die USA und begann mit der Arbeit zu ihrem Buch «Frauen im Laufgitter – offene Worte zur Stellung der Frau». Ein durchaus mutiges Buch, seiner Zeit weit voraus. «Man kann diese Themen nicht alten Insektenforschern überlassen», sagte die Autorin damals.

«Ist die politische Gleichberechtigung illusorisch?», fragt sie in ihrer 1958 erschienenen, über tausendseitigen Analyse zur Stellung der Frau in der Gesellschaft. Die internationale politische Gleichberechtigung bewege sich im Schneckentempo, resümiert die Autorin. Es fehle an Bemühungen, Frauen in Machtpositionen zu bringen. Und es mangle auch am Ehrgeiz der Frauen: «Die grundlegende Tatsache, dass sie Bürgerinnen sind, Glieder einer Volksgemeinschaft mit Rechten und Pflichten, hat in ihrer vollen Bedeutung das Bewusstsein mancher Frauen noch nicht erreicht. Doch die Frauen zählen.»

Das Timing von «Frauen im Laufgitter» war hochspannend: Im gleichen Jahr setzte das Parlament eine Abstimmung über das Frauenstimmrecht auf den 1. Februar 1959 fest. Zudem fand die SAFFA, die Schweizerische Ausstellung für Frauenarbeit, in Zürich statt, die sich jedoch nur vorsichtig für eine bessere berufliche Stellung der Frau aussprach. Auf dem Ausstellungsgelände lag von Rotens Buch in kleiner Auflage erstmals aus. Der Skandal nahm seinen Lauf.

Setzer weigerten sich, das Buch zu drucken, Frauenverbände distanzierten sich von der Autorin, Fremde schmierten das Wort «Hure» an ihre Hauswand, die Presse demütigte sie. Als das Frauenstimmrecht im Februar 1959 zu zwei Dritteln abgelehnt wurde, wurde Iris von Roten dafür mitverantwortlich gemacht. Was dabei vergessen ging: Ohne sie wäre es gar nie so weit gekommen; es geschah auf ihr Anraten, dass ihr Ehemann sowie 24 Mitunterzeichnende 1949 ein Postulat einreichten, das schliesslich zur Abstimmung führte. Enttäuscht von der Unsachlichkeit der Debatte, zog sie sich aus dem öffentlichen Diskurs zurück.

Heute müssen wir uns fragen: Haben wir wirklich Ernst gemacht mit dieser Gleichberechtigung? Die Hauptforderungen aus «Frauen im Laufgitter» kann man grundsätzlich als erfüllt bezeichnen: Die Gleichstellung der Geschlechter ist seit 1981 in der Bundesverfassung verankert. Die Schweiz führte 1971 das Frauenstimmrecht ein, 2002 trat die Fristenregelung und 2005 die Mutterschaftsversicherung in Kraft. Vergewaltigung in der Ehe ist erst seit 1992 strafbar und seit 2004 ein Offizialdelikt. Mit der Pille erhielten Frauen in den 1960er-Jahren ihre reproduktive Selbstbestimmung, sexuelle Freiheit und Unabhängigkeit. Und seit der Debatte um #MeToo werden endlich auch die alltäglichen Grenzüberschreitungen diskutiert.

Doch die absolute Gleichstellung liegt bei genauerer Betrachtung noch in weiter Ferne. Lohnungleichheit und schlechte Arbeitsbedingungen sind nicht nur grosse Hürden in der Berufswelt, sondern auch eine finanzielle Bedrohung für viele Frauen. Organigramme von Unternehmen und Verwaltungen sind unten weiblich und oben männlich; nur wenige berufstätige Frauen durchbrechen die gläserne Decke. Zudem leisten Frauen weiterhin den Grossteil der unbezahlten Care-Arbeit. Die Vereinbarkeit von Beruf und Familie scheitert an der Realität: teure Krippenplätze, der weiterhin unzureichende Vaterschaftsurlaub sowie der Mangel an Teilzeitpensen kosten vielen Müttern die Karriere.

Sexismus ist tief in unserer Gesellschaft verankert. Frauen des öffentlichen Lebens werden systematisch auf ihr Aussehen reduziert und in der Werbung werden zahlreiche Produkte auch im 21. Jahrhundert noch mit barbusigen Frauen beworben – entsprechende Verbote, wie sie in Frankreich eingeführt wurden, bleiben hierzulande bisher aus. Was passiert, wenn Frauen ständig zu Objekten gemacht werden? Jede vierte Frau erlebt im Laufe ihres Lebens sexuelle Gewalt und noch immer bedeutet ein Nein kein Nein. Weibliche Sexualität wird dann toleriert, wenn sie passiv ist. Und die hohen gesundheitlichen sowie finanziellen Kosten der reproduktiven Selbstbestimmung tragen die Frauen weiterhin selbst.

Noch immer übernehmen Frauen einen Grossteil der Haushaltsarbeit, diese bleibt entweder unbezahlt oder wird in die Hände von Migrantinnen übergeben. In der Politik, auf den Festivalbühnen, auf den Podien, in den Teppichetagen dieses Landes bleiben Frauen untervertreten. Die Männerkollektive bleiben stark und verhindern wahre Chancengleichheit.

Wenn man «Frauen im Laufgitter» heute liest, fallen einem auf jeder Seite Parallelen zu heutigen Diskussionen ein. Dass sich in den Denkweisen seit den 1950er-Jahren derart wenig verändert hat, ist bedenklich. Und vielleicht hat Iris von Roten tief in ihrem Inneren all das auch antizipiert. Sie konzentrierte sich nach der Publikation von «Frauen im Laufgitter» auf ihr Privatleben. Sie malte, ging auf Reisen, schrieb weiterhin. Ein Aufprall mit einem Geisterfahrer führte bei ihr zu einem seltenen Augenleiden, was für die begeisterte Malerin einen grossen Verlust darstellte.

1990 gab sie Basler Studentinnen ihr womöglich letztes Interview. «Ich wollte ein Fenster aufstossen. Frische Luft sollte das dumpfe Gelass füllen, in welches die Männerherrschaft die Frauen pferchte und – wenn auch mit einigen beachtlichen Zugeständnissen – auch heute noch pfercht.» Im selben Jahr schied sie selbstbestimmt aus dem Leben, indem sie sich in ihrem Haus zwischen Hortensien erhängte. «Wie ein Ausrufezeichen nach einem besonders tapferen Satz», beschrieb ihr Ehemann dieses Bild.

Iris von Roten war unerschrocken. Wären sie und ich Freundinnen geworden? Kaum. Womöglich wären ihre Nüchternheit und meine Emotionalität nicht wirklich kompatibel gewesen. Aber ich hätte sie bewundert und bewundere sie noch heute. Weil es die unangenehmen Stimmen braucht, da diese oft die mutigen sind. Weil es besser ist, vielleicht einmal über das Ziel hinauszuschiessen, dafür aber bewegt sich etwas. Weil es für die richtige Mischung in einer Gesellschaft auch die Lauten braucht – erst recht die lauten Frauen.

Iris von Rotens Einfluss war vielleicht nicht direkt spürbar, aber sie hat die Leute mit knallharten Fakten dazu gezwungen, die Frauenfrage ernst zu nehmen. Sie hat Gedanken niedergeschrieben, die zu ihrer Zeit noch unvorstellbar waren. Auch wenn ihr Name der breiten Öffentlichkeit nicht mehr bekannt ist, bleibt ihr Erbe bestehen: Sie war ihrer Zeit voraus und hat eine Vorarbeit geleistet, die Generationen von Frauen inspiriert hat.

Die politische Gleichberechtigung ist heute zwar nicht mehr illusorisch, aber sie ist noch lange keine Realität. Aktuell sitzen im Nationalrat 42 Prozent Frauen und im Ständerat sind es 26 Prozent – immerhin eine beachtliche Steigerung im Vergleich zur letzten Legislatur. Bis zur Hälfte der Macht dürfte es laut Schätzungen jedoch noch drei bis vier Wahlen dauern. Helvetia wird weiter rufen – und ich hoffe, sie wird gehört. Der Kampf um politische Gleichberechtigung dauert auch ein halbes Jahrhundert nach der Einführung des Frauenstimmrechts an. Kämpfen wir weiter! Das schulden wir nicht nur Vorkämpferinnen wie Iris von Roten oder unseren Nachkommen, sondern in erster Linie auch uns Frauen selbst. Wir zählen.

«Natürlich nenne ich mich Feministin, ich bin eine Feministin. Der Feminismus setzt sich für die Gleichstellung von Männern und Frauen ein.»

Margrith Bigler-Eggenberger, geboren 1933, studierte Jura an den Universitäten Genf und Zürich. 1966 wurde sie Richterin am Sozialversicherungsgericht des Kantons St. Gallen, zudem war sie Dozentin an der HSG. 1974 wurde sie zur ersten Bundesrichterin der Schweiz gewählt. Sie blieb in diesem Amt bis 1991.

Justitia ist kein Mann mehr

Ein Nachmittag mit der ersten Bundesrichterin Margrith Bigler-Eggenberger. Ein Portrait von Isabel Rohner

St. Gallen kann auch prominent! Glauben Sie nicht? Wer in St. Gallen aufgewachsen ist – zumindest, wenn dies in den 1980er- und 1990er-Jahren der Fall war –, lernte schnell: Da, in dem Haus, wohnen Kurt und Paola Felix, dort hinten Alt-Bundesrat Kurt Furgler, und Clown Pic, na klar, der geht auch in diesem Supermarkt einkaufen.

Dass aus St. Gallen auch die erste Bundesrichterin stammt, habe ich in meiner Kindheit und Jugend allerdings nie gehört. Dass Margrith Bigler-Eggenberger seit zehn Jahren wieder in ihrer Geburtsstadt wohnt, scheint ebenso ein wohlgehütetes Geheimnis. Dabei hat diese Frau in der Schweiz Rechtsgeschichte geschrieben. 1974, nur drei Jahre nach Einführung des Frauenstimm- und -wahlrechts, wurde sie als erste und für viele Jahre einzige Frau zur Bundesrichterin gewählt. Sie blieb es 17 Jahre, bis 1991. Vor ihr war Justitia in der Schweiz männlich.

Irène Schäppi und ich treffen Margrith Bigler-Eggenberger an einem sonnigen Spätsommernachmittag 2019 in ihrer Wohnung in der Nähe des Sägewerks. Die Innenstadt von St. Gallen ist noch fussläufig zu erreichen. Die Wohnung ist gemütlich eingerichtet, bequeme Sessel, eine Sofaecke – und überall Bücher. Ein bisschen wie in einer gut sortierten Bibliothek. Als hätte sie nur auf diesen Blick gewartet, sagt sie lachend und selbstironisch: «Ja, es könnte sein, dass ich manchmal ein bisschen lese. Das ist meine Passion.» Für das Buch über das 100. Jubiläum des Frauenwahlrechts in Deutschland, das wir ihr als Gastgeschenk mitgebracht haben, will sie noch ein Plätzchen finden. «Es gibt in meinen Regalen durchaus noch die ein oder andere Lücke. Sonst sorge ich für dieses Buch dafür», sagt sie und bittet zum Gespräch zum Couchtisch.

Was ihr das Jubiläum 50 Jahre Frauenstimmrecht persönlich bedeute, wollen wir zum Einstieg wissen.

Margrith Bigler-Eggenberger muss nicht lange überlegen, die Antwort sprudelt förmlich aus ihr heraus: «Das ist ein guter Anlass, endlich mal wieder auf einer breiten Ebene über Frauenrechte zu reden. Und zwar nicht nur unter denen, die sich sowieso dafür interessieren und viel darüber wissen – sondern in der breiten Öffentlichkeit. Es ist ein Anlass, der hoffentlich dazu führt, dass die eine oder der andere anfängt, sich für unsere Geschichte zu interessieren – und vielleicht auch mal in einen Text reinschaut.»

Bigler-Eggenberger ist 1933 in Henau (SG) geboren. Ihr Alter merkt man der kleinen Frau nicht an, die uns gegenübersitzt. Sie spricht schnell und präzise, mit wachen Augen und lebhaften Gesten.

Ob sie sich eine Feministin nenne? «Natürlich nenne ich mich Feministin, ich bin eine Feministin», antwortet sie und fährt fort: «Ich habe mich mein ganzes Leben lang für die Frauen und gleiche Rechte eingesetzt. Ich weiss, der Ausdruck hatte lange einen schlechten Ruf. Aber ich finde Feministin ein gutes Wort. Der Feminismus setzt sich ein für die Gleichstellung von Männern und Frauen.»

Fünf Kinder waren sie zu Hause, sie ist die Einzige, die studiert hat. Obwohl das damals für Mädchen alles andere als normal war und sie um den Zugang zu höheren Schulen normalerweise kämpfen mussten, durfte sie ein Gymnasium besuchen. Unterstützt wurde sie dabei von ihrem Vater Mathias Eggenberger (1905–1975), wohl auch, weil er, der spätere Kantonsrat (1934–1952), Regierungsrat (1951–1969), Nationalrat (1947–1971) und Ständerat (1971–1975) selber nicht studieren konnte. Als Kind aus einer armen Bergbauernfamilie war daran nicht zu denken. Nur dank der Unterstützung von Verwandten konnte er eine Lehre machen. «Er war darum auch sehr offen für die Wünsche von Mädchen, dank ihm konnte ich aufs Gymnasium.» Die Mutter Wilhelmina Eggenberger, geb. Näf, war eher zurückhaltend, aufgewachsen auf einem Bauernhof, war für sie das Anpacken wichtiger als die Bildung. Auch politisch ist ihr Vater für die junge Margrith ein Vorbild, sie wird Mitglied bei den Jungsozialisten.

Mathias Egggenberger war auch Laienrichter am Kantonsgericht in St. Gallen – und erzählt zu Hause schon mal von einer Anwältin, die vor Gericht besonders selbstbewusst auftritt. Diese Anwältin heisst Eugénia Meyer-Perlmann, ist promoviert und wird schnell zum persönlichen Vorbild der jungen Margrith: «Erstens sah sie super aus», erzählt sie lachend. «Zweitens hatte sie ein freches Maul, und drittes war sie eine sehr liebenswürdige Person. Und sie war selbstständig und unabhängig, das hat mir gefallen. Von da an war für mich klar: Ich will Jura studieren und so werden wie die Meyer-Perlmann.»

Im Studium in Genf und Zürich ist sie in vielen Vorlesungen die einzige Frau.[1] Ein Praktikum absolviert sie in der Kanzlei von Harald Huber (1912–1998). Viele Jahre später treffen sie sich wieder als Richter am Bundesgericht.

Dass Margrith Bigler-Eggenberger selbstständig und unabhängig sein will, erzählt sie auch ihrem zukünftigen Mann, dem Pädagogen Kurt Bigler (1925–2007). Für sie ist klar, dass sie ihn nur heiraten wird, wenn sie auch nach der Heirat berufstätig sein kann. Er stimmt zu. Obwohl er als Mann wegen des damals gültigen Eherechts das Bestimmungsrecht über den Aufenthalt der Familie und die Berufstätigkeit seiner Frau hat. «Mein Mann war immer progressiv», kommentiert Bigler-Eggenberger und lächelt. Kurt Bigler lag nichts daran, andere Menschen in ihren Entfaltungsmöglichkeiten einzuschränken. Er selber hatte als Kind von Mannheimer Juden den Holocaust überlebt, seine Eltern wurden im Konzentrationslager ermordet.

Die beiden heiraten 1959 und ziehen nach Erlach (BE), wo Kurt Bigler eine Stelle als Sekundarlehrer antritt. In diese Zeit fällt die erste Abstimmung über das Frauenstimmrecht in der Schweiz, die mit grossem Mehr mit einem Nein endete. «Dass mein Mann und mein Vater als Nationalrat damals für das Frauenstimmrecht waren, war sehr wichtig für mich», erzählt Bigler-Eggenberger.

Als Juristin oder Anwältin zu arbeiten, ist in Erlach jedoch fast ein Ding der Unmöglichkeit. «Das war ein konservativer Kanton und Erlach als Gemeinde sogar extrem konservativ.» Doch ihr Mann hält Wort. Er engagiert sich als Laienrichter im Amtsgericht und überredet den Präsidenten, Margrith Bigler-Eggenberger als Praktikantin einzustellen. Zwar ohne einen Franken Lohn, wie sie betont, doch kann sie sich hier juristisch austoben: Eherecht, Verwaltungsrecht, Strafrecht – alles landet auf ihrem Schreibtisch. Der Präsident selber sei «ein fauler Kerl» gewesen, sie und der alte Gerichtsschreiber die Einzigen mit juristischem Sachverstand. Der Gerichtsschreiber beschäftigt sich allerdings lieber mit seiner Rosenzucht, so bleibt die Arbeit an der Praktikantin hängen, die sich für die Materie begeistert und lernt, dass sie ein Gericht auch ganz allein schmeissen kann. Von den Männern im Ort wird sie zwar oft schief angeschaut – die Frauen aber beneiden sie um ihre Tätigkeit. «Viele, die auch gut ausgebildet waren, haben dann ebenfalls angefangen, nach Möglichkeiten zu suchen, berufstätig zu sein. Da war ich so etwas wie ein Role Model. Auch die Frau vom Gemeindepräsidenten – ebenfalls eine Juristin – hat in der Zeit wieder angefangen zu arbeiten.» Im Gespräch nennt Bigler-Eggenberger ihre Jahre in Bern nicht umsonst «Erlach unsicher machen». Mit ihr bröckeln die herkömmlichen Geschlechterrollen in dem kleinen Ort.

Die Enttäuschung über die abgeschmetterte Vorlage zum Frauenstimmrecht ist in diesen Jahren jedoch gross. «Wir Frauen waren eine Zeit lang wie gelähmt. Wir wussten nicht, wie es weitergehen sollte. Vielen Frauen ist damals erst klar geworden, was ihnen politisch fehlt und was man alles mitgestalten könnte, wenn man gleichberechtigt wäre. Zum Glück wurden dann gewisse Öffnungen in einzelnen Bereichen möglich, zum Beispiel haben sich Verwaltungsgerichte für Juristinnen geöffnet. Vor der Abstimmung war das noch undenkbar.»

Obwohl damals alle Nachbarländer der Schweiz – mit Ausnahme von Liechtenstein, das es erst 1984 einführte – das Frauenstimmrecht längst hatten, habe sich die Schweiz damals nicht am Ausland orientiert. Viel wichtiger sei es für die politische Entwicklung gewesen, dass nach der Wahl die ersten Kantone das Frauenstimmrecht auf kantonaler Ebene eingeführt hätten: Die Avantgarde waren 1959 Waadt und Neuenburg, gefolgt von Genf 1960. «Was damals in Lausanne und Genf passierte, wurde auch von der Deutschschweiz aufmerksam beobachtet.»

1961 geht es für das Paar zurück nach St. Gallen, und Bigler-Eggenberger wird als Anwältin zugelassen. 1966 wird sie zur Richterin an das Sozialversicherungsgericht des Kantons St. Gallen gewählt. Im Gegensatz zu den anderen Gerichten sind hier auch Frauen zugelassen, auch ohne gesetzliches Stimm- und Wahlrecht. «Ich wurde vom Regierungsrat zur Richterin gewählt, weil ich – also ohne Selbstlob, es war eine Tatsache – die Einzige war, die das Sozialversicherungsrecht kannte.» Im selben Jahr wird sie – als eine von zwei Frauen – auch Dozentin an der renommierten HSG.

Frauenpolitisch ist sie in der Frauenzentrale im Vorstand aktiv, schmiedet dabei vielfach auch Koalitionen mit den konservativen Frauen, obwohl die «oft skeptisch waren gegenüber uns roten Frauen, die für Abtreibung und Selbstbestimmung waren.» Doch gemeinsam können sie kleinere und grössere Erfolge verbuchen – und Bigler-Eggenberger wirbt weiter fürs Frauenstimmrecht.

Die Stimmung vor der zweiten Abstimmung 1971 habe sich von der Stimmung 1959 nicht grundlegend unterschieden. Auch 1971 gibt es eine grosse Gegnerschaft – doch der Druck auf sie ist gewachsen. Und auch die Frauen argumentieren jetzt anders: «Auch damals mussten wir Überzeugungsarbeit leisten. 1971 haben wir aber immerhin damit argumentiert, dass die Frauen die Hälfte der Bevölkerung sind – und es ein Skandal ist, die Hälfte der Bevölkerung von wichtigen Fragen, von denen sie genauso betroffen sind wie die Männer, auszuschliessen.»

An den Tag der Wahl selber kann sie sich nicht mehr erinnern. Sie ist 42 Jahre alt, als sie selber zum ersten Mal wählen darf. Seither hat sie keine einzige Wahl verpasst. Dass die Wahlbeteiligung seit Jahren sinkt und gerade ältere Frauen seltener wählen als Männer, kann Margrith Bigler-Eggenberger nicht verstehen: «Es ist falsch, nicht wählen zu gehen. Es ist falsch, sich nicht darum zu kümmern, was in unserem grösseren Umfeld passiert. Ja, das erfordert auch ein bisschen Anstrengung: Man muss sich informieren! Aber nur so können wir an unserem guten System festhalten – und es vielleicht auch weiter ausbauen. Unser System ist einzigartig in der Welt. Es gibt kein anderes Land, in dem man so viel Mitwirkungsmöglichkeiten hat. Unsere Bürger haben ja mehr Rechte als in den Nachbarstaaten. Das ist das Besondere. Nur galt das eben viele Jahre nicht für die Frauen. Umso wichtiger ist ihre Beteiligung heute.»

Als sie von der SP gefragt wird, ob sie sich vorstellen könnte, als Bundesrichterin zu kandidieren, sagt sie ohne zu zögern ja. «Ich wusste, ich war genauso gut ausgebildet wie jeder Mann. Warum sollte ich es also nicht versuchen?» Sie versucht es – und wird gewählt. Obwohl ihre Wahl alles andere als unumstritten war und sogar manipuliert wird: Als es im Parlament zur Abstimmung kommt, verschwindet plötzlich der Grossteil ihrer Bewerbungsunterlagen. Verdächtigt wird bis heute ein Politiker der CVP, der später ebenfalls ins Bundesgericht gewählt wird – Beweise jedoch gibt es keine. Dennoch gelingt die Wahl. «Zum Entsetzen vieler Männer», fügt Bigler-Eggenberger hinzu und kann sich ein Lachen nicht verkneifen. «Und auch in der Presse hagelte es Häme – allerdings nur in der deutschen Schweiz. Die französische Schweiz war viel progressiver und hat freundlich über meine Wahl berichtet. Der Unterschied war eklatant.»

Die Bundesrichterin zieht nach Lausanne, führt von da an 17 Jahre lang eine Fernbeziehung mit ihrem Mann, der in Rorschach arbeitet.

«Praktischerweise war er Lehrer und hatte viel Ferien. So haben wir uns oft gesehen.» Ihre Arbeit im Bundesgericht macht ihr Spass – die Begeisterung ihrer Kollegen aber hält sich am Anfang in Grenzen. «Auch viele meiner Richterkollegen haben gedacht: ‹Die spinnt total. Jetzt will die auch noch Richterin sein!› Dass ich seit Jahren am Sozialversicherungsgericht war und Dozentin an der HSG zählte für die nicht.»

Ein Bundesrichter spricht über Jahre kein Wort mit ihr. Margrith Bigler-Eggenberger hält das alles aus. Auch den kalten Wind, der ihr von Seiten gewisser Journalisten entgegenweht. «Oft lagen die Gründe für die Abneigung bei diesen Leuten in ihrem persönlichen Umfeld. Da ich die einzige Frau war, war ich für viele eine Projektionsfläche für ihre eigenen Probleme und Vorurteile. Ein Kollege hatte zum Beispiel eine geistig behinderte Tochter in meinem Alter und fühlte sich durch mich wohl immer daran erinnert, was seine Tochter alles nicht konnte.»

Ob es nicht schlimm war, das alles auszuhalten, wollen wir wissen. «Natürlich», antwortet unsere Gastgeberin. «Natürlich ist es hart, wenn man in der Öffentlichkeit steht und angefeindet wird. Man braucht einen geraden Rücken und ein dickes Fell. Mein Motto war aber immer: Nicht verunsichern lassen, sondern machen!» Am Anfang habe es durchaus auch Momente gegeben, in denen sie zusammenpacken und wieder in die Ostschweiz fahren wollte. Sie hat sich aber durchgekämpft, und dann sei es irgendwann besser geworden. «Man muss bei einer solchen Aufgabe den Mut haben, auch mal unliebsame Entscheide zu fällen – und man sollte nicht den Anspruch haben, immer geliebt werden zu müssen. Man kann nicht immer Butterbrot mit Konfi kriegen.»

Als 1990 die Beschwerden der 52 Appenzellerinnen und 48 Appenzeller gegen den Landsgemeindebeschluss im Bundesgericht verhandelt werden und die definitive Entscheidung über das kantonale Frauenstimmrecht in Appenzell getroffen wird, ist sie zwar nicht zuständig, sie ist aber aus Interesse mit im Raum. «Das war ein schöner Tag für mich. Der Mut wurde belohnt.»[2]

Bigler-Eggenbergers Karriere ist beeindruckend. Darauf angesprochen, sagt sie klipp und klar: «Ich habe das gemacht, was mir gefällt, und was jeder Mann mit meiner Ausbildung auch getan hätte.»

Wo sie heute den grössten Handlungsbedarf sieht? Margrith Bigler-Eggenberger wirkt nachdenklich: «Frauen dürfen das Interesse an Politik nicht den Männern überlassen», sagt sie. Gleichzeitig stellt sie fest, dass die Arbeit von Frauenorganisationen zum Teil immer noch nicht ernst genommen wird. «Dabei leisten die tolle Arbeit.» Man lächle aber immer noch hinter den Stockzähnen über Frauen, die sich für eine Verbesserung der Situation von Frauen engagieren. «Hier sehe ich auch bei vielen Jungen ein Problem. Sie verschliessen lieber die Augen, wollen gar nicht daran erinnert werden, was es noch alles zu tun gibt. Denn es gibt kein anderes Land, in dem man so viele Mitwirkungsmöglichkeiten hat. Aber man muss zu diesem System auch Sorge tragen.»

Wurde den Schweizerinnen durch die späte Einführung des Frauenstimmrechts Unrecht getan, da ihnen ihr Heimatland Rechte verwehrte, die sonst in Europa längst für alle Menschen zur Normalität gehörten? «Ja», antwortet Bigler-Eggenberger. «Als die Männer Nein zum Frauenstimmrecht gesagt haben, ist den Frauen ganz sicher Unrecht geschehen. Die Erkenntnis, dass die Männer uns nicht wollten bei der Gestaltung eines Systems, von dem wir ein Teil sind, und bei dem wir alles, positiv und negativ, mittragen müssen. Wir haben uns damals oft gefragt: Wie können die Männer so dreist sein und uns weiter ausschliessen? Natürlich gab es auch Frauen, die das Stimmrecht nicht wollten – die hätten ja auch weiterhin auf die Wahrnehmung des Stimmrechts verzichten können. Aber es waren die Männer, die über uns entschieden haben.»

Wir können uns die Frage nicht verkneifen – schliesslich sitzt eine renommierte Juristin vor uns: «Hätte sich der Staat nicht spätestens, als es ab 1981 den Gleichheitsparagrafen in der Schweizer Verfassung gab, bei den Frauen entschuldigen müssen?»

Margrith Bigler-Eggenberger lässt sich mit ihrer Antwort Zeit. «Ja, das wäre schön gewesen. Auch wenn ich persönlich nicht viel auf solche Entschuldigungen gebe. Eine Entschuldigung wäre aber ein Zeichen der Reflexion. Es wäre eine Geste, die nichts kosten würde.» Eine Geste, die sagen würde: Ja, das ist unsere Geschichte – und sie ist nicht immer in allen Punkten gut. «Die Verfassung ist das stärkste Recht, das der einzelne Bürger hat. Darum ist es so wichtig, dass die Gleichberechtigung da drin ist: im obersten, stärksten Recht, das wir in unserem Rechtssystem kennen. Darauf sollten wir alle stolz sein.»

Was sie sich für die Frauen in Schweiz wünschen würde? «Ich wünsche mir eine Gesellschaft, die das ganz selbstverständlich annimmt, dass Frauen und Männer dieselben Positionen und Funktionen einnehmen. Und dass Frauen mit ihren Anliegen, Wünschen und Betroffenheiten von der Politik stärker wahrgenommen werden.» Bigler-Eggenberger nimmt einen Schluck Mineralwasser. Dass Frauen heute in vielen Berufen selbstverständlich seien, freue sie sehr. Sie nehme aber auch wahr, dass Frauen, sobald sie in der Öffentlichkeit stünden, immer noch stärker angegangen und häufiger angepöbelt würden als Männer. Darum bräuchten die Frauen auch heute noch mehr Mut als Männer. Auch für den Frauenstreik im Sommer 2019, den sie unterstützt hat, habe es für viele Frauen viel Mut gebraucht, für ihre Anliegen öffentlich sichtbar einzutreten. «Dabei haben wir immer noch keine Lohngleichheit in der Schweiz.»

Bigler-Eggenberger ist mit ihren Wünschen aber noch nicht zu Ende: «Ich wünsche mir, dass die Frauen ihre Möglichkeiten, die sie heute haben, nicht als selbstverständlich hinnehmen. Nichts ist in Stein gemeisselt. Viele junge Frauen, auch aus meinem näheren Bekanntenkreis, wissen nichts Besseres, als schnell zu heiraten und Kinder zu bekommen. Verstehen Sie mich nicht falsch: Ich mag Kinder – aber sie können nicht der einzige Lebensinhalt der Frauen sein. Das eigene Leben dauert doch heute immer länger – und je selbständiger und unabhängiger man das eigene Leben führen kann, umso besser ist das.»

Am Ende unseres Besuchs müssen wir die Frage dann doch noch stellen: «Werden Sie in St. Gallen manchmal erkannt?» Margrith Bigler-Eggenberger zuckt mit den Schultern, dann winkt sie ab. «Wäre das als Mann auch so?» «Wahrscheinlich nicht», antwortet die ehemalige Bundesrichterin. «Einem Mann gegenüber ist das anders. Auch mein Vater wurde noch Jahre nach seiner aktiven Zeit als Regierungsrat angesprochen. Manchmal erhalte ich aber noch Briefe, worin ich um juristischen Rat gebeten werde. Das finde ich gut – ich kenne schliesslich viele tolle Anwältinnen in St. Gallen. Die empfehle ich gern.»

Als ich Wochen später wieder in St. Gallen bin, treffe ich in der Innenstadt zufällig auf eine Gruppe von Schülerinnen und Schülern. Ich frage sie, welche Prominenten sie kennen, die einen Bezug zu St. Gallen haben. «Tranquillo Barnetta», sagt einer, «Pic», eine andere. «Und dort oben beim Sägewerk, da wohnt die erste Bundesrichterin der Schweiz», ergänze ich.

1 An der Universität Zürich konnten Frauen bereits im 19. Jahrhundert Rechtswissenschaften studieren. Die erste Studentin war Emilie Kempin-Spyri (1853–1901), die 1885 als 32-jährige dreifache Mutter als erste Schweizerin ein Jurastudium aufnahm und 1887 dort auch promovierte. Als Anwältinnen waren Frauen zum Beispiel in Zürich – zumindest theoretisch, denn die Gegenwehr blieb immens – ab 1898 auch als Anwältinnen zugelassen.

2 Vgl. den Text über den Kampf ums kantonale Frauenwahlrecht in Appenzell von Isabel Rohner auf den Seiten 237–243.

«Als ich Clownin werden wollte, war der meistgehörte Satz: Männer sind komisch, Frauen sind tragisch. Biologisch bedingt!»

Gardi Hutter, geboren 1953, gilt international als das Vorbild für Clowntheater. Mit ihrer vielfach ausgezeichneten Clownfigur Hanna stand sie in 35 Ländern auf der Bühne. Die Presse nennt sie ein «komisches Phänomen». Tausende von Kritiken beschreiben ihre Kunst als «frech, witzig, hintergründig, bezaubernd, irrwitzig, grandios, genial, brillant, kreatürlich, hinreissend, skurril, vollendet, anarchisch, poetisch, traumhaft komisch, umwerfend, urkomisch, urmenschlich, urweiblich ...». Die ausgebildete Schauspielerin unterrichtet an der Hochschule der Künste ZHdK und am Theaterinstitut der Universität Leipzig.

Weinen ist Natur – Lachen ist Kultur

Gardi Hutter, Clownin

Manchmal sind wir Frauen etwas deprimiert, weil wir meinen, nichts ändere sich. Was «Frauen und Männer» betrifft, müssen wir, die Älteren, seit 50 Jahren übers Gleiche reden. Wenn wir nicht zu müde sind, überhaupt noch darüber zu reden. Wir meiden «Frauenthemen» in gemischten Gruppen, um uns nicht als «auch so eine» unsympathisch zu machen. Sobald «das Thema Frau» in eine Diskussion rutscht, gehen die Emotionen hoch, es gibt feste Meinungen grundsätzlicher Art, es bilden sich Blöcke – und der Schlagabtausch beginnt. Ich könnte die Diskussion voraussagen. Es ist die Wiederholung, die ermüdet.

Wenn ich als Künstlerin interviewt werde, steht das Frau-Sein immer vor dem Künstlerinnen-Sein: «Sie als Frau in einer Männerdomäne ...». Ich muss mich immer als «feministisch oder nicht» positionieren. Als ich noch kleine Kinder hatte, war in jedem Interview die wichtigste Frage, wie ich es denn als Mutter mache. Zugegeben, das sind wichtige Fragen! Sie werden aber nur den Frauen gestellt. Meine männlichen Kollegen können sechs Kinder haben, aber sie müssen nie öffentlich beweisen, dass sie gute Väter sind. Sie können unbehelligt von konkreten Lebensumständen über ihre künstlerischen Ideen und Visionen philosophieren. Und dann sagt man mir nach, dass ich immer nur über Frauen rede. Ich werde ja nichts anderes gefragt.

Hier auch. Doch hier gehts auch darum.

Es hat sich aber vieles geändert!

Um das zu beweisen, habe ich ein paar Glaubenssätze und Geschichten aus meiner Kindheit gesammelt. Es sind Zeitdokumente aus einer ländlichen bis kleinstädtischen Gegend der Schweiz. Sie sagen mir mehr über die Tiefe der Veränderung als eine komplexe Abhandlung mit Graphiken.

Es waren damals «Selbstverständlichkeiten» über Männer und Frauen, also Werte und Haltungen, die in den 1950er- und 1960er-Jahren «einfach nur normal» waren. Sie waren in meiner Umgebung allgemein anerkannt, galten als unumstösslich, sozusagen von Natur gegeben, und niemand in meiner Umgebung hat sich daran gestossen.

Als Mädchen schien mir Folgendes völlig normal:

Ausbildung

Meine Mutter liebte die Schule und hatte in der Primarschule nur Bestnoten. Sie durfte aber nicht in die Sekundarschule, weil sie ein Mädchen war. Ihr Traum, Lehrerin zu werden, war früh verbaut. Einer ihrer Brüder, der nicht gerne in die Schule ging und Mühe hatte, durfte nicht in die Realschule, weil er ein Bub war. Er wollte Bauer werden und quälte sich durch die Sekundarschule.

Im Gegensatz zu meiner Mutter durfte ich in die Sekundarschule. Um «ein braves Mädchen» aus mir zu machen, steckten die Eltern mich ins katholische Internat. Eines der Hauptfächer war «Lebenskunde»: neben «gutem Benehmen» war dies putzen, stricken, flicken – ich kann auf zehn verschiedene Arten Socken flicken. Dafür fehlten die Fächer: Mathematik, Geometrie, Algebra. Ein Übergang ins Gymnasium war mir von vornherein verbaut. Nur das «Handelsdiplom» an der Mittelschule stand mir noch offen. Eine typische Mädchenausbildung: Allgemeinbildung und Stenografie. Das Berufsziel war Chefsekretärin.

Die Eltern waren gegen die Mittelschule: für ein Mädchen ist es «hinausgeworfenes Geld, sie heiratet ja doch». Der Kaplan machte einen Hausbesuch bei meinen Eltern, mit seiner Hilfe durfte ich dann doch weiter in die Schule. Doch eine Gefahr lauerte: Eine (zu) gescheite Frau bekommt keinen Mann.

Gesellschaft

Frauen, die laut schimpfen, sind hysterisch. Mannsweiber. Haben Haare auf den Zähnen. Gruusig.

Wenn die Frau «die Hosen anhat», also zu Hause Entscheidungen trifft, ist der Mann im Haus ein «Schlappschwanz». Oder «en arme Siech».

Wenn Männer ihre Frauen schlugen, war man nicht so sehr empört. Wahrscheinlich hat sie es verdient.

Ein guter Vater züchtigt seine Kinder auch. Das heisst, er schlägt sie. Wenn nicht mit barer Hand, dann mit Rute, Riemen, Plastikrohr. Und die Frau war ja per Gesetz dem Manne Untertan. Wie die Kinder.

Wenn Frauen reden, dann schwatzen sie. Weibergeschwätz.

Wenn Männer reden, ist es wichtig. Sie machen Politik. Die Kinder müssen still sein.

Frauen sind unfähig, Politik zu verstehen. Eine Frau als Politikerin war schlicht unvorstellbar. Ein Witz!

Frauen sind sentimental und darum unfähig, Entscheidungen zu fällen. Das dumme Weibsbild.

Dies waren Gründe selbst für Frauen meiner Umgebung, gegen das Frauenstimmrecht zu sein.

Sie sagten auch: Die Männer machen das schon recht.

Kirche

Ich hätte so gerne ministriert: das Weihrauchfass schwingen, die silbernen Glocken läuten, das Kirchbuch auf die andere Seite des Altars tragen ... Aber Mädchen waren nicht zugelassen, weil sie «schmutzig» waren. Sie konnten ja auch nicht Priesterin werden. Eine Sünde, sich das nur vorzustellen.

Eine meiner Grosstanten musste auf Druck der Familie ihre Verlobung auflösen, um, nach der Priesterweihe ihres Bruders, lebenslang seine Pfarrköchin zu werden. Die Familie hat sich nur daran gestossen, dass sie immer leicht verärgert wirkte.

Sexualität

Junge Männer müssen sich sexuell austoben, das ist ihre Natur. Junge Frauen sind Büxen (Huren), wenn sie das Gleiche tun.

Sich «unten» berühren ist Todsünde.

Der Rat älterer Frauen an jüngere bei Heirat: «Fraue müend eifach mengmol anehebbe».

Der Mann «nimmt sie». Im Dunkeln und im Nachthemd.

Frauen haben keine Lust. «Es» zu tun ist ihre Ehepflicht.

Eine Frau wird erst durch einen Mann zu einer Frau.

Schlimmste Drohung: Wenn du nicht gehorchst, wirst du als alte Jungfer enden.

Zum Schmunzeln noch die Geschichte, wie mir mein Bruder «wissenschaftlich» die Minderwertigkeit der Frau erklärte: «Das sieht man schon bei den Enten, die Männchen sind viel schöner als die Weibchen.

Und bei den Köchen sieht man, dass die Männer alles besser können. Weil, überall kochen die Frauen, aber alle berühmten Köche sind Männer!» Das habe ich ihm damals geglaubt (er war elf, ich erst acht) und war lange sehr niedergeschlagen.

Und als ich dann in den 1970er-Jahren Clownin werden wollte, war der meistgehörte Satz: Männer sind komisch, Frauen sind tragisch. Biologisch bedingt!

Wenn ich all das meinen Kindern erzähle, machen sie grosse Augen und fragen «warum»? Spontan rutscht mir die blödsinnige Antwort «darum» heraus. In diesem Falle aber die einzige Antwort. Weil, warum wir Frauen «schmutzig» waren, wurde uns ja nicht erklärt, dass wusste man einfach, das war einfach so. Darum!

Dann schütteln meine Kinder nur verständnislos die Köpfe. Die Geschichten werden zu Anekdoten. Heute lachen wir darüber.

Für viele scheinen diese Aussagen «Mittelalter, oder, falls von heute, dann sicher aus einem frauenfeindlichen, wahrscheinlich aus einem islamischen Land». Sie sind aber heutig und hiesig. Wir sehen uns fortschrittlicher, als wir sind. Im Übrigen finde ich aufschlussreich, dass fast alle islamischen Staaten das Frauenstimmrecht vor der Schweiz eingeführt haben. Auch hätte sich die Volksrepublik China zwischen 1949 und 1971 weigern können, mit unserem Land Verhandlungen zu führen, weil die Schweiz Menschenrechte missachtet, die in China per Gesetz anerkannt waren.

Wie es so schön heisst: «Alle Menschen sind frei und gleich an Würde und Rechten geboren.» Allgemeine Erklärung der Menschenrechte – 1948.

Alle Schweizer, ausser 51 Prozent, sind frei und gleich an Würde und Rechten geboren.

Schweizerischer Zustand bis 1971.

«Aus eigener Erfahrung weiss ich, dass es genügend qualifizierte und motivierte Frauen gibt, die bereit sind, Verantwortung zu übernehmen! Sie müssen nur angefragt werden.»

Viola Amherd, geboren 1962 in Brig-Glis, war von 2000 bis 2012 Präsidentin ihres Heimatortes Brig-Glis im Wallis, von 2005 bis 2018 war die Anwältin und Notarin für die CVP im Nationalrat. 2018 wurde Amherd in den Bundesrat gewählt, wo sie seit 2019 als erste Frau Chefin des Departements für Verteidigung, Bevölkerungsschutz und Sport ist.

Gleichberechtigung und Frauenstimmrecht sind Grundlagen unserer Demokratie!

Viola Amherd, Bundesrätin

Dank des Einsatzes zahlreicher mutiger und engagierter Frauen – und auch Männer – durfte ich mit 20 Jahren abstimmen und wählen. Welch steiniger Weg zurückgelegt, welche Hindernisse überwunden und welche Anfeindungen ausgehalten werden mussten, wurde mir einmal mehr durch den Film «Die göttliche Ordnung» von Petra Volpe bewusst. Ich habe grossen Respekt vor diesem unermüdlichen Engagement und bin dafür sehr dankbar!

Für mich persönlich ist das Frauenstimm- und -wahlrecht die Grundlage für eine Demokratie, in der Frauen und Männer die gleichen Chancen haben und gemeinsam Verantwortung übernehmen.

Ich bin in einem Elektro-Familienunternehmen aufgewachsen. Meine Mutter und mein Vater arbeiteten viele Jahre miteinander und trafen gemeinsam notwendige Entscheide. Ich habe hautnah miterlebt, was es heisst, Verantwortung zu übernehmen, für den Betrieb, die Angestellten und auch für die Gesellschaft. Das hat mich geprägt.

Wenn ich daran denke, dass meine Mutter im Geschäft gearbeitet, meine Schwester und mich erzogen, den Haushalt organisiert und Entscheidungen getroffen hat, jedoch politisch nicht mitbestimmen konnte, ist das heute nur schwer verständlich.

Meine Eltern haben mich immer unterstützt und motiviert, selbständig zu werden und zu bleiben, aber auch Verantwortung zu übernehmen und mich zu engagieren. Mir wurde auch nie gesagt, «das kannst du nicht».

Heute ist vieles, das hart erkämpft werden musste, selbstverständlich. Seit 40 Jahren gibt es den Gleichstellungsartikel in der Bundesverfassung, wir haben eine Mutterschaftsversicherung und familienexterne Betreuungsmöglichkeiten. Junge Frauen und Männer haben die gleichen Möglichkeiten, zu studieren oder einen Beruf zu erlernen oder sich in ein politisches Amt wählen zu lassen.

Als ich geboren wurde, 1962, konnten im Kollegium Spiritus Sanctus in Brig nur Knaben die Matura machen. Vier Jahre später erkämpfte sich die erste Frau, Brigitte Kronig-Hischier, das Recht, dort zur Matura zugelassen zu werden. Zwei Jahre zuvor hatte dies bereits eine andere Frau versucht. Der Bischof von Sitten legte jedoch sein Veto ein, weil dies für ein Mädchen allein unter 700 Buben zu belastend sei ...

Für mich war es in den 1970er-Jahren selbstverständlich, ins Kollegium zu gehen, die Matura zu machen und anschliessend zu studieren. Aber auch hier brauchte es zuerst eine mutige und energische Frau, die sich für das Recht einsetzte, die gleiche Bildung erhalten zu können wie die jungen Männer.

Als ich nach meinem Studium als Anwältin und Notarin zu arbeiten begann, war es mir ein Anliegen, Frauen zu unterstützen und zu motivieren, sich zu engagieren. Für mich ist es wichtig, dass Frauen und Männer ihre Erfahrungen und ihre Kenntnisse im Berufsalltag, in der Politik und in der Gesellschaft einbringen können – gleichberechtigt! Wir sind alle gleich viel wert, was auch immer wir tun – egal ob Berufskarriere, Familiengründung oder die Pflege von Angehörigen und so weiter. Wir müssen hier jedoch frei darüber entscheiden können, ohne gesellschaftliche Verurteilung.

Wie steht es heute mit den Chancen der Frauen im Berufsalltag?

Gemäss dem Bundesamt für Statistik verfügen junge Frauen heute über einen gleich guten oder sogar höheren Bildungsstand als junge Männer. Die Lohngleichheit ist jedoch noch nicht erreicht. Und, mehr als die Hälfte der erwerbstätigen Frauen gehen einer Teilzeitarbeit nach.

Die tieferen Löhne und der hohe Teilzeitanteil der Frauen wirken sich dann auch im Rentenalter aus. Wegen den tieferen Sparbeträgen sind sie schlechter abgesichert.

Die Lohngleichheit und die Reform der Altersvorsorge sind für mich wichtige Anliegen, die angegangen werden müssen. Hier ist der Einsatz von uns allen nötig, damit wir dauerhafte Lösungen finden.

Dass Frauen trotz ihres steigenden Bildungsniveaus und ihrer immer wichtigeren Rolle auf dem Arbeitsmarkt nach wie vor in Verwaltungsräten, in Chefpositionen und im leitenden Kader untervertreten sind, gibt zu denken. Die OECD schreibt in einem Bericht, dass ein Zuwachs der Frauen im Kader vielfältige positive Effekte auf die Gesamtproduktivität der Wirtschaft habe. Mit Frauen in Kaderpositionen könne sich die Herangehensweise zur Lösung von Problemen im Unternehmen erweitern. Mehr Frauen in Führungspositionen und Verwaltungsräten ist dementsprechend eine Chance, die die Wirtschaft nutzen sollte!

Ich bin überzeugt, dass Frauennetzwerke im Beruf und in der Politik hilfreich sein können; wir müssen sie aber auch pflegen. Gegen das Argument, es gebe keine qualifizierten Frauen für dieses oder jenes Amt oder für eine Stelle, sollten wir uns nicht scheuen zu widersprechen und Frauen vorschlagen. Aus eigener Erfahrung weiss ich, dass es genügend qualifizierte und motivierte Frauen gibt, die bereit sind, Verantwortung zu übernehmen! Sie müssen nur angefragt werden.

Als Vorsteherin des Eidgenössischen Departementes für Verteidigung, Bevölkerungsschutz und Sport ist es mir ein grosses Anliegen, mehr Frauen für den Dienst in der Armee zu gewinnen. Aktuell sind 1348 Frauen in der Armee, damit liegt der Frauenanteil aktuell bei 0,8 Prozent.[1]

Frauen können auch in der Armee eine interessante Karriere machen. Eines meiner Ziele ist es, den Frauen aufzuzeigen, welche Möglichkeiten ihnen ein Einsatz in der Armee, bei der militärischen Friedensförderung oder im Bereich Cyber-Defense bringt und dass sie dort Führungsfunktionen übernehmen können. Es ist nicht nur in der Wirtschaft so, dass gemischte Teams bessere Leistungen bringen!

Wir dürfen aber auch die Frauen nicht vergessen, die sich in einer schwierigen Lage befinden. Dazu gehören diejenigen, die von häuslicher Gewalt, von Zwangsheirat, von Menschenhandel oder von Zwangsprostitution betroffen sind. Frauen, die sich in einer solchen Situation befinden, können nicht gleichberechtigt am gesellschaftlichen Leben und auch nicht am Arbeitsleben teilhaben. Sie brauchen die Unterstützung der Gesellschaft und der Politik, von uns allen.

Dass der Frauenanteil nach den Wahlen im Herbst 2019 im Nationalrat nun 42 Prozent beträgt und im Ständerat doppelt so viele Frauen vertreten sind wie in der vergangenen Legislatur, freut mich sehr. Ich erhoffe mir, dass in Ökologie und Nachhaltigkeit, im Verhältnis

Schweiz zur EU, beim Schutz vor Diskriminierung und Gewalt gegen Frauen, in der Sicherung der Sozialwerke, in der Wirtschaft aber auch im Bereich Sicherheit neue Akzente gesetzt werden! Noch ein Wort zu den Medien. Ihnen kommt eine wichtige Aufgabe zu, Frauen in Führungspositionen und in politischen Ämtern vermehrt sichtbar zu machen, sie zu Wort kommen zu lassen. So kann aufgezeigt werden, welche verschiedenen Möglichkeiten es gibt, Karriere zu machen und dass es unterschiedliche Persönlichkeiten sind, die sich für diese Ämter und Positionen zur Verfügung stellen.

Mich persönlich beeindruckten und beeindrucken Frauen und Männer, die unerschrocken ihre Meinung vertreten und sich engagieren, die weitsichtig und verantwortungsbewusst handeln. Im Umgang mit meinen Mitmenschen sind für mich Respekt und Offenheit wichtige Werte. Ich hoffe, dass ich durch meine Arbeit Frauen motivieren kann, sich zu engagieren und selbstbewusst ihren Weg zu gehen!

Anlässlich der Frauensession 1991 sagte die Politikerin Josi Meier[2]: «Vor 20 Jahren wollte man uns zurückhalten mit dem Slogan ‹Die Frau gehört ins Haus›. Wir brauchten Jahre, bis wir diesen Satz richtig verstanden haben. Jetzt haben wir ihn endlich verinnerlicht. Natürlich gehören wir ins Haus: ins Gemeindehaus, ins Bundeshaus! ... Wir sind alle aufgerufen, bewusst, tatkräftig und namengebend an der Zukunft unseres Landes mitzuwirken.» Diese Aussage gilt immer noch!

1 www.vbs.admin.ch/de/vbs/zahlen-fakten/armee.html, Stand März 2020.

2 «Josi» Josephine Johanna Meier (1936–2006) war eine Politikerin der CVP und 1991/1992 die erste Ständeratspräsidentin der Schweiz.

«Ich möchte über das Werk einer Künstlerin sprechen. Und nicht über ihr Geschlecht oder Aussehen.»

Fanni Fetzer, geboren 1974, ist seit 2011 die Direktorin des Kunstmuseums Luzern und setzt sich in dieser Rolle für ein feministisches Programm sowie ein ausgeglichenes Geschlechterverhältnis ein. Ursprünglich wollte die gebürtige Ostschweizerin selbst Künstlerin werden, hat aber während des Vorkurses an der Zürcher Hochschule der Künste festgestellt, dass sie lieber über Kunst schreibt als Kunst macht. Sie studierte Politikwissenschaften, Volkskunde, Sozial- und Wirtschaftsgeschichte und wurde Redakteurin beim Kulturmagazin «DU». Nach Stationen im Kunstmuseum Thun und im Kunsthaus Langenthal kam sie nach Luzern. Ihre kuratorische Tätigkeit wurde mehrfach ausgezeichnet.

Feminismus geht alle an

Fanni Fetzer, Museumsdirektorin, im Gespräch mit Isabel Rohner und Irène Schäppi

Fanni Fetzer, woran denken Sie beim Jubiläum «50 Jahre Frauenstimmrecht»?

Als das Frauenstimmrecht durchgesetzt worden ist, war ich noch nicht auf der Welt. Ich habe als Kind irgendwann realisiert, dass Frauen noch gar nicht so lange abstimmen und wählen gehen konnten. Unter anderem dank meines Vaters, der feministisch sensibilisiert und politisch sehr interessiert war und mit uns Kindern viel über Politik gesprochen hat. Später, als Teenager, habe ich mich noch intensiver mit feministischen Themen befasst. Dass Frauen in Appenzell erst ab 1991 das Recht dazu hatten, fand ich eine Frechheit. Als Teenager habe ich darum keinen Appenzeller Käse gegessen, als Wirtschaftsboykott sozusagen. Heute finde ich es einfach schockierend, dass Schweizer Frauen erst seit 50 Jahren wählen und abstimmen gehen dürfen. Und je älter ich werden desto schockierender finde ich es.

Sie haben gerade die feministische Sensibilisierung Ihres Vaters und sein politisches Engagement angesprochen. Trifft das auch auf Ihre Mutter zu?

Ja und nein. Ich bin in einer ländlichen Gegend aufgewachsen. Und es ist – leider – ein Fakt, dass man sich sehr exponiert, wenn man sich auf dem Land für linke oder progressive Anliegen engagiert. Oder anders gesagt: Inhaltlich entsprechen meiner Mutter feministische Themen sehr, aber dass man sich hierfür exponieren muss, stand ihr oft im Weg. Wie zum Beispiel, als das neue Eherecht eingeführt wurde: Sie fand die Neuerungen zwar richtig und gut und hat auch viele Emanzipationsmöglichkeiten für sich genutzt, hat sich aber beispielsweise nicht getraut, wieder ihren Mädchennamen anzunehmen, obwohl sie den viel schöner fand. Für meine Mutter war und ist die öffentliche Gemeinschaft sehr wichtig. Man muss sich darum bewusst machen, dass Möglichkeiten zur Emanzipation in einem gewissen demographischen und geographischen Umfeld nicht dieselbe Selbstverständlichkeit haben wie in einem urbanen Kontext. Es heisst ja nicht umsonst: «Stadtluft macht frei.»

Trotzdem hat es selbst in Schweizer Städten sehr lange gedauert, bis das Frauenstimmrecht durchgesetzt worden ist. Ähnlich sieht es leider auch im Schweizer Kunstbereich aus: Frauen wurden zum Beispiel erst 1972 in den Berufsverband für bildende Künstler aufgenommen. Um Anerkennung mussten sie viel stärker kämpfen.

Da waren die gleichen Mechanismen von Ausschluss oder Bevorzugung am Werk wie heute in anderen Bereichen. Feminismus hat darum meiner Meinung nach nicht nur die Aufgabe, sich für Frauenanliegen einzusetzen. Vielmehr sollte es darum gehen, Aufmerksamkeit gegenüber solchen diskriminierenden Mechanismen zu generieren und uns alle zu verbünden. Das gilt sowohl für Frauen wie auch für Männer.

Können Sie ein Beispiel dafür nennen?

Ich war im November 2019 bei einer Podiumsdiskussion zum Thema «Women's Chapter: Frauenkunst? Weibliche Ästhetik? Feministische Kunst?» zusammen mit Prof. Dr. Marion Strunk als Rednerin eingeladen und habe im Vorfeld angesprochen, dass es aus meiner Sicht auch Männer als Redner für dieses Thema braucht. Von den acht Männern, die ich den Veranstalterinnen als mögliche Kandidaten angegeben habe, hat allerdings nur einer zugesagt. Das war eine Enttäuschung. Auch dass im Publikum nur zwei Männer sassen – einer davon war mein Partner. Ich finde: So ein Thema sollte auch Männer interessieren, weshalb man sie aktiv zu solchen Diskussionen einladen muss. Und ihnen damit signalisieren: Feminismus und Frauenthemen sind keine Bedrohung, sondern gehen alle an. Nur gemeinsam können wir Stereotype aufbrechen wie jenes, dass Männer noch immer zur grossen Mehrheit die Verpflichtung bei sich alleine sehen, das Geld für die Familie zu verdienen. Neue Konzepte können auch eine Befreiung für die Männer sein.

Sie setzen sich sehr für mehr Sichtbarkeit von Künstlerinnen ein.

Würde ich «Feministisches Museum» an meine Fassade schreiben, würde ich viele Leute irritieren und vielleicht auch verlieren. Darum rede ich nicht gross darüber, sondern mache es einfach.

Im Kunstbereich allgemein herrscht allerdings immer noch eine starke männliche Dominanz. Eine Recherche von SWI swissinfo.ch und RTS vor zwei Jahren hat gezeigt, dass von 2008 bis 2018 gerade mal 26 Prozent der Schweizer Einzelausstellungen Frauen gewidmet wurden.

Solche Statistiken sind wichtig und schockieren. Aber es gilt, diese Zahlen differenziert zu betrachten. Wenn ich im Kunstmuseum Luzern einer Künstlerin wie Sharon Lockhart 1100 Quadratmeter Ausstellungsfläche gebe, einem Shootingstar wie Erwin Wurm hingegen mit 200 Quadratmeter nur einen kleineren Raum zur Verfügung stelle, dann ist das aus dieser Statistik nicht ersichtlich. Es genügt darum meiner Meinung nach nicht, Ausstellungsprogramme nur nach geschlechterspezifischen Kriterien zu scannen. Es geht auch um den Inhalt, die Form, die Grösse, den Kontext, ja sogar um die Jahreszeit – ist es die bestbesuchte Saison oder ist es eher eine Lücke im Jahresprogramm? Ich denke dabei unter anderem an Laure Prouvost, die das Publikum mit ihren fantastisch-versponnenen Installationen in ein anderes Universum versetzt. Sieht man aber genauer hin, merkt man, dass Laure Prouvost mit ihren Narrationen das Verhältnis der Geschlechter zueinander thematisiert. Was zeigt, dass man – anders als vielleicht mit Podien oder journalistischen Debatten in Tageszeitungen – mit Kunst Menschen für ein Thema gewinnen kann, die gar nicht gewusst haben, dass sie sich dafür interessieren. Ich sehe Museen oder Ausstellungsmacherinnen und Ausstellungsmacher stark in der Pflicht, solche Themen auch ins Ausstellungsprogramm zu integrieren. Und zwar auf eine subversiv-sinnliche Art, ohne dabei didaktisch zu wirken.

Welche Möglichkeiten sehen Sie als Kuratorin noch, um Künstlerinnen sichtbarer zu machen?

Immer nur darüber sprechen, dass weibliche Künstlerinnen in Sammlungen untervertreten sind, genügt nicht. Wenn man in so einer Position ist wie ich, hat man einen extremen Freiraum –

und eine Definitionsmacht, die man nutzen soll und muss. Allerdings gilt auch beim Sammeln: Wenn es sich um historische Kunstwerke handelt, sind einfach kaum Werke von Künstlerinnen greifbar. Es bringt deshalb vor allem bei zeitgenössischer Kunst viel, auf Ausgewogenheit zu achten. Zudem darf man sein Publikum nicht unterschätzen und denken, dieses sei ausschliesslich an Werken berühmter Künstler interessiert. Vielmehr sollte man darauf vertrauen, dass man auch etwas Unbekanntes oder Sperriges vermitteln kann. Es gibt eine Neugier, die beim Publikum nur geweckt werden muss!

Was halten Sie davon, wenn Museen nur noch weibliche Kunst kaufen?

Das ist leider nicht nachhaltig, sondern eher Marketing. Wenn man zum Beispiel nur noch Kunst feministischer Künstlerinnen kauft, schliesst man andere aus. Es gibt auch wichtige Kunst von Männern. Und, was macht man mit jenen, die sich keinem Geschlecht zuordnen?

Sie machen als Direktorin des Kunstmuseum Luzern aber ein anderes, innovativeres Programm als Ihre Vorgänger vor 20 Jahren.

Ich würde das nicht an meinem Geschlecht festmachen. Ich würde auch nicht von mir behaupten, ich sei innovativer als meine Vorgänger, sondern habe vielmehr eine andere Herangehensweise. Allerdings habe ich auch gelernt, dass man mich gern unterschätzt, eben weil ich eine Frau bin: Ich mache zum Beispiel viele Führungen durch die Ausstellungen selber. Anfangs habe ich das auch schon mal in Jeans und T-Shirt gemacht. Dann kam es allerdings vor, dass mich das Publikum sehr wohlwollend für die gute Führung gelobt hat und automatisch davon ausgegangen ist, dass ich eine Assistentin sei. Seitdem trage ich bewusst Kleider bei der Arbeit und stelle mich dezidiert als Direktorin vor. Ich möchte aber eigentlich in meiner Position nicht in erster Linie als Frau wahrgenommen werden, sondern als Fanni Fetzer. Mein Geschlecht ist nur eines von vielen Merkmalen, die mich ausmachen.

Das kann man auch auf das Kunstschaffen per se anwenden. Die Art zu malen ist weder etwas spezifisch Weibliches noch Männliches.

Genau. Man darf aber nicht vergessen: Frauen haben zwar dieselbe Technik wie ihre männlichen Kollegen, durften früher aber nicht dieselben Sujets wie Männer malen. Ferner hatten Frauen auch räumlich nicht dieselben Möglichkeiten. Will heissen: Künstlerinnen hatten nicht dieselben, grossen Ateliers wie ihre männlichen Kollegen und haben darum kleinere Formate bearbeitet oder eher gezeichnet und aquarelliert. Es gehörte sich für Künstlerinnen zudem auch nicht, im Aussenraum zu malen. Die Schweizer Impressionistin Martha Stettler zum Beispiel hat Ende des 19. und Anfang des 20. Jahrhunderts entweder Interieurs gemalt oder dann nur hoch oben in den Alpen, begleitet von ihrer Lebenspartnerin. Das war aber auch nur möglich, weil Stettler aus wohlhabenden Verhältnissen stammte. Oder zum Beispiel Lee Krasner, Jackson Pollocks Frau. Krasner ist eine der wichtigsten Künstlerinnen des amerikanischen abstrakten Expressionismus und war von 2019 bis 2020, nach mehr als 50 Jahren, in einer grossen Retrospektive wieder in Europa zu sehen. So auch in der Schirn Kunsthalle Frankfurt, die im Inserat für die Ausstellung ein Bild von Lee Krasner gezeigt hat mit der Headline: «Lernen Sie diese Frau kennen!» Es ging in diesem Inserat mit keinem Wort um Krasners Gemälde oder ihr Werk, sondern um sie als Frau. Das geht doch nicht!

Bei Jackson Pollock hätte niemand mit seinem Geschlecht geworben.

Bestimmt nicht. Klar, jede Institution soll und darf so kommunizieren, wie sie will. In der Medienmitteilung zu Lee Krasner hat die Schirn Kunsthalle Frankfurt sogar noch explizit darauf hingewiesen, dass sie mit Jackson Pollock verheiratet war. Das finde ich krass: Man will Krasner eigentlich aus diesem Schattendasein rausholen, muss dazu aber trotzdem ihren Mann anführen. Natürlich, schliesslich braucht man ein Publikum. Die Frage ist aber, gibt es hierfür eine bessere Taktik? Diese Frage habe ich mir auch im Zusammenhang mit der etwas marginalisierten Künstlerin Sonja Sekula gestellt, der ich 2016 eine Ausstellung widmen wollte. Sekula stammt ursprünglich aus Luzern und emigrierte 1936 mit ihren Eltern nach New York. Dort verkehrte sie mit wegen der politischen Situation in Europa emigrierten, berühmten Künstlerinnen und Künstlern wie Duchamp, Ernst, Carrington, und später war sie Teil der amerikanischen Kunstszene, die mit dem abstrakten Expressionismus sich erstmals von Europa emanzipierte. Um zu verhindern, dass nur wenige Sekula-Fans die Ausstellung besuchen, habe ich dann eine Gruppenausstellung mit Künstlerinnen und Künstlern ihres Umfelds konzipiert: «Sonja Sekula, Max Ernst, Jackson Pollock & Friends». Mit diesen zwei berühmten Namen habe ich Sekula einerseits eine Bedeutung zugeschrieben, doch mit dem Zusatz «& Friends» andererseits signalisiert: Es gibt noch andere! Und obwohl Sonja Sekula eine sehr schöne Frau war, habe ich bewusst darauf verzichtet, sie als Person abzubilden – in unserer Publikation zur Ausstellung sieht man sie nur einmal im Atelier in langen Hosen –, weil es sonst nur wieder um ihre langen Beine gegangen wäre und nicht um ihr Werk.

Künstlerinnen werden oft darauf reduziert, dass sie Frauen sind oder dass sie toll aussehen. Wie kann man das ändern?

Das müssen wir eben alle selber einfordern. Man kann es machen wie Pipilotti Rist, die sich für die Öffentlichkeit so viele multiple Persönlichkeiten zugelegt hat, dass man nicht mehr wirklich sagen kann, wer sie ist. Oder man macht es wie Tracey Emin, die bewusst immer so rotzig und mit fettigen Haaren daherkommt. Aber es ist schon ein Fakt, dass männliche Künstler sich kaum Gedanken über ihr Aussehen machen müssen.

In der zeitgenössischen Kunst ist der aktive Umgang von Pipilotti Rist und Tracey Emin mit solchen Stereotypen brillant. Aber ist Stereotypisierung nicht ein Problem, wenn es um die Kunst und Werke älterer oder verstorbener Künstlerinnen geht?

Natürlich ist es das. Darum müssen wir über das Werk der Künstlerinnen reden. Ich weiss natürlich auch, dass Sonja Sekula aus gutem Hause kam und lesbisch war. Aber eben, es geht um ihr Werk und nicht bloss um ihre Biografie. Weshalb ich zur Ausstellung damals auch nicht geschrieben habe: «Entdecken Sie endlich diese lesbische, marginalisierte Künstlerin!»

Was ist Ihre Meinung zu Nacktheit in der Kunst? Also weniger thematisiert auf Bildern, sondern als Performance berühmter zeitgenössischer Künstlerinnen wir Marina Abramović? Uns fällt tatsächlich kein männlicher Performance-Künstler auf, der seine Nacktheit ähnlich inszeniert.

Mich selbst interessiert der nackte Körper zu wenig. Ich finde ihn auch nicht schockierend. Ich bin einfach in einem sehr natürlichen Umfeld aufgewachsen. Ich kann allerdings nachvollziehen, dass man sich in den 1970er-Jahren stark damit hat beschäftigen müssen und Performancekünstlerinnen ihren Körper auch als politischen Körper betrachtet haben, um den männlichen Blick zu verändern. Spannender allerdings finde ich den Ansatz der neapolitanischen Künstlerin Giulia Piscitelli, die sich von dem in Neapel fast schon allgegenwärtigen Phallus – sei es bei antiken Skulpturen, Graffitis oder selbst in alltäglichen Gesten («Cazzo») auf der Strasse – für ein Kunstprojekt hat inspirieren lassen: Sie hat diverse Männer gefragt, ob sie ihren Penis zeichnen darf. Ihre Zeichnungen auf Folien hat sie dann bei sich zu Hause an die Wand gehängt. Eines Abends hat sie dann vor diesen Bildern mit einem befreundeten Fotografen herumgeblödelt und komplett angezogen Oralsex simuliert. Diese analogen Fotografien hängen nun als überdimensionale Kunstwerke in der Ausstellung und zeigen auf sinnlich-spielerische Weise, dass es bei nackten Penissen nicht immer um Macht oder Unterdrückung geht oder darum weibliche und männliche Geschlechtsteile gegeneinander auszuspielen. Sondern einfach um Lust und Freude an der Erotik.

Apropos Machtgefälle: Wie viel ist Kunst von Frauen im Gegensatz zu Kunst von Männern heute wert?

Weniger.

Was sind also ihre Tipps, um Künstlerinnen in der Schweizer Kunstszene und insbesondere Schweizer Kunstinstitutionen bekannter zu machen? Und damit auch den Wert ihrer Kunst zu fördern?

Ich finde, dass man hierfür nicht nur als Kuratorin eine Verantwortung hat, sondern auch die Medien und vor allem das Publikum können und sollen auf dieses Missverhältnis hinweisen. Wir alle können die Jahresprogramme der Kunstinstitutionen auf den Aspekt der Ausgewogenheit hin lesen und allenfalls kritisch kommentieren. Je mehr man darüber spricht, desto schneller können wir dieses Ungleichgewicht lösen. Und noch etwas: Leute sollten selber wieder mehr Kunst kaufen. Das muss auch nicht teuer sein. Auch auf diese Weise lassen sich Künstlerinnen unterstützen und bekannter machen.

«... und was sägät Si zum Fraue-stimmrecht?»

Serpentina Hagner, geboren 1956 in Zürich. Gastronomin und Comiczeichnerin. Bücher: «Der Märchenmaler von Zürich» (2017), «Der Blechbauchmaier» (2018) beide Verlag Edition Moderne. Mit dem ersten Band wurde sie Finalistin des Comicbuchpreises 2017 der Berthold Leibinger Stiftung. Für den Deutschen Bundestag realisierte sie 2019 eine Graphic Novel zum 100-jährigen Jubiläum des Frauenwahlrechts in Deutschland, die inzwischen im Verlag ZapZap erschienen ist.

Eine Strassenumfrage 1970

Serpentina Hagner, Comiczeichnerin

SCHLÄCHT FÄNDIS NÖD.
CHUNNT GAR NÖD IN FRAG! D FRAUE GHÖRED NACH WIE VOR IN HUUSHALT!

NOUS AVONS LE DROIT DE VOTER AU NIVEAU CANTONAL, MAIS PAS AU NIVEAU FÉDÉRAL. C'EST INJUSTE - ET C'EST LA FAUTE DE LA SUISSE ALÉMANIQUE!

MER MÜEND JA FASCHT! NACHDEM S WÄLSCHLAND, DE TESSIN, BASEL UND JETZT AU NO ZÜRI S KANTONAL AAGNOO HÄND.

KLAR STIMMED MER DEFÜR. OBWOHL, E FRAU IM BUNDESRAT ISCH SCHO E ZIMLI KOMISCHI VORSTELLIG.
NATÜRLICH JA! D SCHWIZ ISCH JO D' LACHNUMMERÄ VO EUROPA! ABER MER MÜND AU RECHTLICH, SOZIAL UND ÖKONOMISCH GLIICHI RÄCHT. ÜBERCHO.
WÄR ISCH DÄNN NO DA FÜR D CHIND UND DE HUUSHALT? DE LIEB GOTT HÄT D UUFGABE SCHO RICHTIG VERTEILT. USGRÄCHNET DU BISCH DEFÜR. GLAUB MERS BUEB, WÄNN DU SPÖTER EMAL E FAMILIE HÄSCH WIRSCH DINI MEINIG AU NO ÄNDERE!
ACH, GROSI!

MIR ISCHS SCHO RÄCHT WÄNN D FRAUE AU CHÖND GO STIMME. ABER WÜSSED SI, ICH SÄLBER GANGE EIGETLI AU CHUM EMAL!
FÜR MICH MUESSES NÖD UNBEDINGT SI, ABER D TOCHTER FÄNDIS GLAUBS NO GUET.
NATÜRLI HÄMMERS VERDIENT! ICH CHRAMPFE MEH ALS JEDE MAA, WÄNN MER DE HUSHALT DEZUE ZELT!
DAS ISCH NÜT FÜR ZARTI FRAUE. DIE SIND VIL DS EMOZIONAL UM AU EMAL HÄRT DURE ZGRIFE WÄNNS NÖTIG ISCH!

MIR ISCHS EGAL, ICH NIMMS WIS CHUNNT!
SISCH ÄNTLI ZIT! HA SCHO LANG ES SCHLÄCHTS GWÜSSE GHA, DAS MER D FRAUE SO ABWERTET!
JA, MIR SINDS HOCHZIGSPAAR. NEI, ICH WETTI NÖD MÜESSE ABSTIMME. ICH HAN DIE TOLLI UFGAB FÜR MIN MAA DS REPRÄSENTIERE, DAS LANGET DOCH!
GSEND SI, DRUM HANI SI GNO, GSCHID, STUDIERT UND MINERE MEINIG!

NATÜRLI JA! SIT I Ä TÖCHTERLI HA, GSEHN I VILES ANDERSCH. KOMISCH, DAS MIR DAS VORHER NIÄ UFGFALLÄ ISCH.
HÄNDER GHÖRT? JETZT WÄND DIE SCHNITTE AU NO GOGE WÄLE!
KAMPF ISCH AGSEIT IM FRAUENFUESSBALL UND DE POLITIK!

«Dass die Frauen so lange von der Mitsprache ausgeschlossen waren, ist nicht ein Problem der Frauen, sondern eine gesamtgesellschaftliche Katastrophe.»

Zita Küng, geboren 1954 in Zürich, hat neben einem Lehrerinnenpatent auch ein Gesangs- und Jura-Studium. 1977 war sie Mitbegründerin der OFRA – Organisation für die Sache der Frauen, von 1983–1987 Mitglied im Zürcher Kantonsrat und von 1990–1996 die erste Gleichstellungsbeauftragte der Stadt Zürich. Von 1996–1999 war Küng in der Geschäftsleitung der Gewerkschaft Bau & Industrie GBI (heute: Unia). Seit 1999 ist sie mit EQuality by Zita Küng selbständig und berät zu Gleichstellungsthemen und Frauenempowerment. Küng hat das Schweizerische Institut für feministische Rechtswissenschaft und Gender Law (FRI) sowie Juristinnen Schweiz mitbegründet und ist Präsidentin von CH2021.

«Den Männern zuliebe ein frauliches JA»

Zita Küng, Präsidentin der Initiative CH2021

Über einen solchen Slogan hätten sich der junge Pretonius und sein Lehrer Herrlein Uglemose aus dem legendären Land Egalia[1] wohl nicht gewundert: Da waren alle gleichberechtigt, bloss, dass Männer nicht Seefrauen werden und andere wichtige Tätigkeiten und Funktionen ausüben konnten, dafür aber die Kinder grosszogen – alles aus strikt natürlichen Gründen. Selbstverständlich mussten sie sich auch nicht mit der Politik abmühen, das konnten Frauen einfach besser. Wenn die Egalianerinnen eines Tages den Egalianern auch das Wahlrecht hätten geben wollen, dann hätte sie vielleicht dieser Slogan dazu ermuntert.

Diese Geschichte ging mir durch den Kopf, als ich mir kürzlich die versammelten Abstimmungsplakate ansah, die die schweizerischen Plakatwände in den verschiedenen Abstimmungskämpfen zierten. «Den Frauen zuliebe ein männliches JA» war noch einer der netteren Slogans, der einen Blumenstrauss in Männerhand begleitete. Er war Teil der Kampagne 1969 im Kanton Zürich und signalisiert für mich ein Entgegenkommen, ein Geschenk vielleicht auch ein Nachgeben oder eine gewisse Resignation. Diese Abstimmung war erfolgreich ebenso wie die Abstimmung am 7. Februar 1971 auf der schweizerischen Ebene. Das hat aber eine Vorgeschichte.

Wie muss es interessierten Schweizerinnen am 1. Februar 1959 ergangen sein, als sie erfuhren, dass 654 939 Schweizer (66,9 Prozent) Nein und nur 323 727 (33 Prozent) Ja zur Einführung des Frauenstimmrechts gestimmt hatten? Basler Lehrerinnen streikten am 2. Februar und viele hatten diesen Schlag ins Gesicht, diese Entwürdigung zu verkraften. Stellen wir uns die Situation vor: Unsere Nachbarinnen in Deutschland und Österreich erhielten die politischen Rechte direkt nach dem Ersten Weltkrieg 1918. In Frankreich (1944) und in Italien (1946) war der Zweite Weltkrieg ein Auslöser. Die Schweizerinnen konnten durchaus hoffen, dass ihre Leistungen in diesen schweren Zeiten gesehen und wertgeschätzt würden. Nach der Menschenrechtsdeklaration 1948 beteiligte sich die Schweiz an der Formulierung der Europäischen Menschenrechtskonvention, die 1953 in Kraft trat. Für die Schweiz war klar: Wollte sie der EMRK beitreten, mussten die Schweizerinnen das Stimm- und Wahlrecht bekommen. Das war auch ein Argumentationsstrang für die Abstimmung 1959. Und dann – das Fiasko.

Die Suche nach den Gründen, weshalb die Schweizer Männer mit einer Zweidrittelmehrheit fanden, Frauen sollten in der Politik nicht mitbestimmen, ging los. Ein Argument war, dass es auf der Seite der Befürworterinnen einige Exponentinnen gegeben habe, die zu radikal argumentiert hätten. Iris von Roten war mit ihrer präzisen und ungeschönten Analyse[2] eine passende Zielscheibe. Die Stimmrechtskämpferinnen gaben zum Glück nicht auf. In den drei welschen Kantonen Neuenburg (1959), Waadt (1959) und Genf (1960) konnten die Schweizerinnen bereits mitgestalten, und die Restschweiz konnte beobachten, dass das gut funktionierte.

Ich habe als Kind realisiert, dass nur mein Vater abstimmen durfte. Mich irritierte, dass meine Mutter diese Möglichkeit nicht hatte. Ich erinnere mich aber nicht an intensive Diskussionen zu diesem Thema. Als Jugendliche bekam ich die Fackelumzüge der Frauen in Zürich oder den Aufruf zum Marsch auf Bern nicht mit, die Globuskrawalle, der Prager Frühling und der Vietnam-Krieg waren mir näher. So weiss ich nicht, wo ich am 7. Februar 1971 war. Da ich aber politisch aktiv war, freute ich mich darauf, dass ich mit der Mündigkeit (damals mit 20 Jahren) den Zürcher Gemeinderat wählen dürfte – mit meinem Geburtsdatum habe ich dann die Wahl um ein paar Tage verpasst. Das hat mich gefuchst. Es war mir also von Beginn weg klar, dass dies ein Recht war, das mir zustand und das ich in Anspruch nahm. Ich glaube mit einer Ausnahme habe ich bisher auch an allen Abstimmungen und Wahlen teilgenommen. Ich konnte deshalb die Empörung der älteren Frauen schon nicht mehr nachfühlen, die erleben mussten, dass sie von diesem fundamentalen Recht ausgeschlossen waren. Sie unternahmen Anstrengungen, um die Gleichberechtigung mit weiteren Gesetzesanpassungen voranzubringen. Dass sie sich über unsere Aktionsformen aufregten, mit denen wir für Gratis-Kitas, legalen Schwangerschaftsabbruch, Mutterschaftsversicherung, gegen Gewalt an Frauen und Mädchen und so weiter kämpften, und fanden, wir würden damit den Anliegen der Frauen schaden und die Akzeptanz der Männer erschweren, konnte ich nicht nachvollziehen und schob diese Argumentation auf das Unverständnis der Generationen.

1975 wurde es von den Vertreterinnen der grossen Frauenorganisationen nicht akzeptiert, dass das Thema Schwangerschaftsabbruch am Schweizerischen Frauenkongress in Bern auf die Traktandenliste kam, deshalb führten wir autonomen feministischen Frauen einen Gegenkongress zum Thema durch. Der offizielle Kongress beschloss die Volksinitiative «Gleiche Rechte für Mann und Frau» zu lancieren. Das fanden wir wiederum nicht sehr prickelnd. Als wir aber realisierten, dass die Frauen die nötigen Unterschriften nur schwer zusammenbekamen, halfen wir aus – wir hatten ja bereits Übung im Wahrnehmen der Volksrechte, weil wir früh verstanden haben, dass wir mit Initiativen und Referenden unsere Themen in die Öffentlichkeit bringen konnten. Selbstverständlich war die OFRA – Organisation für die Sache der Frauen – auch aktiv im Abstimmungskampf 1981: Mit drei anderen Frauen führte ich ein Strassentheater auf, mit dem wir als verkleidete vier Bundesrätinnen (Achtung: kleines i) die Passant*innen zum Nachdenken und Ja-Stimmen bringen wollten. Die Wahrnehmung der politischen Rechte war mir quasi eine Selbstverständlichkeit. Wichtig war mir aber, dass wir einen gesellschaftlichen Wandel herbeiführen wollten: die Befreiung der Frauen. Das ging wesentlich weiter als Gleichberechtigung – Frauen sollten selber definieren, was für sie von Bedeutung war, wie ein gemeinschaftliches Leben aussehen und unter welchen Bedingungen was produziert werden sollte. Auch wie die persönlichen Beziehungen gestaltet werden können, wie Sexualität gelebt wird, was Kinder bekommen und aufziehen gut ermöglichen würde, waren zentrale Fragen. Dazu spielten rechtliche Regelungen nur am Rand mit: Einen Diskurs dazu führen und die Praxis erproben waren in unseren Augen auf jeden Fall vordringlicher.

Aber: Als am 14. Juni 1981 der Verfassungsartikel für die gleichen Rechte angenommen wurde, waren wir ebenfalls sehr zufrieden. Jetzt gings an die Umsetzung. Ein Element war dabei, dass die Verwaltungen sich überlegen mussten, wie sie dazu beitragen konnten. Der neu gegründete Kanton Jura ging voran mit dem Bureau de la condition feminine. Im Departement des Innern war die eidgenössische Kommission für Frauenfragen angesiedelt, die den Bundesrat beraten sollte. Die drängte darauf, dass sich auch in der Bundesverwaltung eine wirkungsvolle Umsetzungsstelle installieren sollte. So wurde ich als nationale Sekretärin der OFRA zu einem Gespräch ins Departement des Innern eingeladen. Ob ich mir denn vorstellen könnte, im Rahmen der Verwaltung zur Umsetzung beizutragen? Ich sah natürlich, dass jemand sich darum kümmern musste. Aber für mich war das nicht denkbar. Eine Revolution wäre mir passender erschienen. Meine Distanz zu diesen Institutionen war noch viel zu gross. In der Folge des Gleichberechtigungsartikels änderte das Parlament in den 1980er-Jahren viele Gesetze, zum Beispiel das Familienrecht. Ein Revisionsentwurf, Vergewaltigung strafrechtlich neu zu fassen, der unter anderem sogar einen «Provokationsartikel» enthielt, auf den sich Vergewaltiger für eine Strafminderung hätten berufen können, wenn sie sich vom Opfer «provoziert» gefühlt hätten, rief unsere feministischen Juristinnen aus Basel auf den Plan. Mit ihrem Alternativentwurf konnten wir den schlechten Revisionsentwurf abbiegen. In verschiedenen Kantonen und Städten machte die Institutionalisierung der Gleichstellung Fortschritte.

Ich entwickelte meine Einschätzung gegenüber den Institutionen weiter, nahm 1983 Einsitz im Zürcher Kantonsrat und bewarb mich für die Leitung des Gleichstellungsbüros der Stadt Zürich, das mit einer erfolgreichen Volksabstimmung 1989 eingeführt wurde. Im Oktober 1990 eröffneten wir das Büro mit einer Doppelspitze. Dass die Bilanz nach zehn Jahren Gleichstellungsartikel in der Bundesverfassung trotzdem ernüchternd war, führte auf dem Kongress des Schweizerischen Gewerkschaftsbundes 1990 zum Beschluss, dass am 14. Juni 1991 ein landesweiter Frauenstreik durchgeführt werden sollte. Die Vorbereitung dazu war keine Aktivität im Rahmen des Gleichstellungsbüros, füllte aber meine gesamte Freizeit.

Niemand konnte voraussehen, was die Frauen und Mädchen am 14. Juni 1991 der Schweiz zeigen würden. «Den schönsten Tag in meinem Leben» nannte ich es jahrelang, weil es beeindruckend und überzeugend war, wie viele unterschiedliche Frauen und Mädchen ihren Unmut über die Lage zum Ausdruck brachten und gleichzeitig auch ihre Vorstellungen und Wünsche deutlich machten. Wenn also mit der

Gleichstellung Ernst gemacht würde, dann bräuchte es zum Beispiel ein Gesetz im Erwerbsbereich. Das war für die Bundespolitik sofort klar und wurde auch in unschweizerischer Geschwindigkeit umgesetzt. Das Gleichstellungsgesetz konnte am 1. Juli 1996 in Kraft gesetzt werden, weil sich die notorischen Gleichstellungsgegner nicht trauten, das Referendum zu ergreifen. Damit hatten wir – ähnlich wie mit dem Verfassungsartikel 1981 – eine gesetzliche Grundlage, wie sich die Realität gestalten sollte, mit diskriminierungsfreier Anstellung und Beförderung, belästigungsfreier Arbeitsumgebung, gleichem Lohn für gleichwertige Arbeit bis zum Verbot diskriminierender Entlassung. Und wieder stellte sich die Frage, wie es in der Praxis zur Umsetzung dieser Gebote kommt. Alle Anstrengungen, Transparenz und Verbindlichkeiten herzustellen, fruchteten nicht wirklich. Unser Parlament lehnte regelmässig Massnahmen wie Lohntransparenz, Stichproben von Lohnkontrollen, Berichtspflicht ab oder schwächte sie bis zur Unkenntlichkeit. Der diskriminierende Teil bei den Löhnen, der jedes Jahr vom Bundesamt für Statistik ausgewiesen wird, ist nach wie vor empörend gross.

Gleichzeitig war der Diskurs in der Politik, in den Parteien und Organisationen und in den Medien davon geprägt, dass Frauen längst gleichberechtigt seien und keine Schwierigkeiten hätten, ihre Pläne umzusetzen, wenn sie sich nur genügend anstrengen würden. Dass am 14. Juni 2019 erneut so viele Frauen und Mädchen überall in der Schweiz auf vielfältigste Art aufzeigten – allein in Zürich waren es 160 000, insgesamt demonstrierten gegen eine Million Mädchen und Frauen –, in welchen Themen und Bereichen noch viel zu tun bleibt, ist für mich ein deutliches Signal: Es gibt ihn nicht, diesen unausgesprochenen Konsens, Frauen und Mädchen seien mit dem Status quo zufrieden. Die Gesetzeslage wäre zwar durchaus passend, aber die Praxis hinkt hinterher. Es braucht eine strukturelle Verankerung, aber diese muss mit Leben gefüllt werden.

Das gilt auch für die Möglichkeit, unsere gesellschaftlichen Vorstellungen mitzugestalten. Schweizerinnen und Schweizer haben politische Rechte, die ihnen dafür zur Verfügung stehen. Den Männern (nicht allen!) seit 1848, den Frauen seit 1971. Unsere Demokratie ist also erst ab 1971 eine geworden, in der nicht eine Minderheit sich als Volk ausgibt. Dass die Frauen so lange von der Mitsprache ausgeschlossen waren, ist nicht ein Problem der Frauen, sondern eine gesamtgesellschaftliche Katastrophe. Solche Ausschlüsse haben Wirkung für alle. Deshalb ist es auch notwendig im Jahr 2021, wenn 50 Jahre Frauenstimmrecht gewürdigt werden können, die Hintergründe und Entwicklungen aufzuzeigen. Dazu sollen möglichst viele ihre Perspektive einbringen: von den Bäuer*innen über die Wissenschaftler*innen und Kirchenleute, Sportler*innen, Gewerbetreibende, Unternehmen, Migrªnt*innen, Parteien, Kulturschaffende, Gewerkschaftler*innen, Umweltschützer*innen bis zu Feminist*innen, alle haben eine Geschichte dazu. Zusammen machen sie unsere Demokratie aus. Wie hat sich die Schweiz entwickelt, seit Schweizer ihre Macht mit den Schweizerinnen teilen?

Damit viele motiviert werden, sich aktiv zu beteiligen, habe ich zusammen mit engagierten Mitstreiterinnen den Verein CH2021 gegründet. Am 7. Februar 2020 startete der Countdown bis zum Jubiläum mit einer Veranstaltung in Bern. 2021 steigen bestimmt Aktivitäten, werden Gutachten, Artikel, Bücher – wie dieses! – veröffentlicht, gibt es Ausstellungen, Theaterstücke, Bike-Rides… Ich freue mich auf eine grosse und vielfältige Beteiligung. Denn nicht nur der Blick zurück ist wichtig. Unsere Demokratie steht auch vor Herausforderungen. Wie können wir diese klug und produktiv ‹gemeinsam› lösen, so dass die Ideen von Frauen ebenso berücksichtigt werden wie die der Männer? Die Aktivitäten der Klimajugend könnten dazu ein aktueller Gradmesser werden. Mit den Frauen ist mittlerweile zu rechnen, ich zähle auch auf sie.

1 Gerd Brantenberg: *Die Töchter Egalias.* Berlin 1980.

2 Iris von Roten: *Frauen im Laufgitter.* Erstauflage Bern 1958; Wiederauflage Wettingen 1991. Siehe dazu den Beitrag von Anne-Sophie Keller auf den Seiten 65–71.

« Le choix du bon partenaire de vie est primordial. »

Adrienne Corboud Fumagalli (1958) Dr. rer. pol., a occupé des fonctions de direction (Swisscom, Kudelski), développé les relations avec l'industrie pour l'EPFL et lancé une startup en intelligence artificielle. Elle est administratrice de Swiss Life et vice-présidente de la ComCom. Sa fille Clelia Fumagalli (1993), Master of Law Uni Fribourg, est avocate-stagiaire.

50 ans de suffrage féminin – Regard croisé mère-fille sur les femmes et la carrière en Suisse

Adrienne Corboud Fumagalli, Membre de conseils d'administration
(avec Clelia Fumagalli)

Adrienne Corboud Fumagalli J'ai vraiment découvert l'histoire du vote des femmes grâce au film «L'Ordre divin» (Die göttliche Ordnung) de Petra Volpe. Je n'avais que 12 ans en février 1971. Me préparant au baccalauréat dans un collège réservé aux filles, je me souviens d'une professeure de latin qui nous disait «Mesdemoiselles, vous êtes l'élite de la jeunesse fribourgeoise». Nous en riions. Après bien des années je me suis dit que son message était celui d'un encouragement à utiliser notre bagage éducatif pour agir dans la société. Nous étions une classe qui aimait débattre des idées. Être entre filles permettait de libérer la parole.

Clelia Fumagalli C'est incroyable de me dire que tu n'étais pas dans une classe mixte! Selon moi, débattre dès le plus jeune âge dans un environnement garçons-filles permet d'affûter ses idées, de connaitre la façon de réagir de l'autre. La mixité estompe en partie les tabous. Grâce à cela, les filles de ma génération savent qu'elles peuvent s'exprimer librement. Avoir un frère et votre attitude face à nous deux m'a aussi aidée puisque je constatais que vous ne faisiez aucune distinction entre lui et moi.

Adrienne Avoir le choix. Ma mère, Nicolette Corboud-Fuhrer (née 1921), première femme médecin anesthésiste de Suisse, m'avait montré l'exemple. Son principal conseil était d'avoir au besoin l'indépendance économique. Elle pensait au veuvage. Mon père, chirurgien, a toujours supporté cette position. Tous les deux avaient leur carrière, même si après un temps ma mère a surtout «complété» mon père dans son travail!

Clelia Je constate des différences non seulement entre ta génération et la mienne, mais aussi déjà une belle évolution de mentalités entre mon enfance et aujourd'hui. Je vous ai toujours vu, papa et toi, tra vailler et gérer les tâches quotidiennes de manière équitable. Du coup, pour moi c'était ma «norme». C'est uniquement en discutant et en voyant les autres familles que je me suis rendu compte que la majo rité des couples avaient, dans les années 2000, un système plus «traditionnel». À l'école, on me demandait toujours ce que faisait mon papa dans la vie, mais jamais ma maman... Cela m'intriguait. J'expliquais donc le travail de mon papa, en précisant tout de même celui de ma maman. C'est là que j'ai compris que c'était ça, leur «norme». Cette «norme» semble avoir impacté les filles de ma génération. Dans mon entourage, beaucoup freinent leur ambition de peur de pas être à la hauteur ou légitime de leur succès. Alors qu'en réalité, l'égalité économique pourrait aider à réduire les points de désaccord. Personnellement, c'est absolument clair que je veux vivre une vie indépendante, être avocate, avoir une carrière mais ne pas devoir abandonner une vie de famille pour autant. Comme tu me le dis souvent, avec le bon partenaire, c'est possible.

Adrienne C'est dommage que des jeunes femmes ne pensent pas comme toi. Il y a pourtant aussi une raison économique pragmatique à favoriser la carrière des femmes. Dépassant les hommes en termes de niveau d'éducation dans de nombreux pays, elles représentent un formidable réservoir de talents et une ressource sous-utilisée à une époque de pénurie de compétences.

Clelia Prenons l'exemple du suffrage féminin tardif qui démontre une remise en cause lente du modèle patriarcal traditionnel suisse. Il a fallu attendre l'inscription du principe d'égalité des droits dans la Constitution votée en 1981 pour que les femmes puissent définir leur voie sans référence à l'homme: jusque-là, les femmes passaient de la tutelle de leur père à celle de leur mari pour obtenir leur accord pour des décisions telle que l'ouverture d'un compte bancaire ou la signature d'un contrat de travail. Du suffrage féminin à la prise de décision concernant sa propre vie, il faut encore que l'ensemble des femmes réalisent qu'elles ont le choix. Vu qu'il n'y avait pas de discrimination dans ma famille, je n'ai découvert que plus tard les inégalités subies par les femmes. J'ai aussi constaté qu'il est facile pour une femme de retomber dans le rôle que l'on croit attendre de nous.

Adrienne A mon époque, si les jeunes filles voulaient choisir la voie des études, d'une carrière, il fallait qu'elles soient meilleures que les garçons. Finalement, le 12 février 1982, le Tribunal fédéral a jugé qu'il est illégal de pratiquer une différence de traitement entre garçons et filles pour l'admission dans le degré secondaire supérieur. L'interdiction générale de la discrimination dans la vie professionnelle n'est entrée en vigueur (au niveau de la loi!) qu'en 1996.

Dilemme de la réussite professionnelle et vie familiale

Adrienne Lors d'une étude, dix ans après l'introduction de l'égalité des sexes dans la Constitution, j'ai interrogé des femmes journalistes pour un projet. Même si partiellement représentatif de la condition des femmes, cela donnait quelques pistes pour comprendre pourquoi les femmes compétentes ne progressaient pas dans leur carrière. A l'époque, un poste à responsabilités était perçu comme un job où l'on devait diriger les autres et ne plus se plonger soit même dans la matière des dossiers. Déléguer plutôt que faire pouvait être perçu comme un appauvrissement. Ces femmes étaient, comme bien d'autres, également tiraillées entre la réussite de leur vie professionnelle et celle de leur vie familiale, comme si ces deux vies étaient incompatibles. Elles mentionnaient la nécessité de structures d'accueil pour les enfants en bas-âge, mais ne parlaient que très rarement de la réinterprétation des rôles dans la société. Elles trouvaient des solutions individuelles. Ou alors, elles avaient fait le choix du célibat. Prétendre à une carrière professionnelle, c'était comme entrer en religion. En 2020, le constat est assez alarmant. Alors qu'il y a une forte proportion de jeunes femmes aux études, il y a un «leaky pipe». Très peu parviennent au niveau du top management. Et si c'est le cas, souvent dans des fonctions, certes importantes, marketing, ressources humaines ou juridique, mais pas idéalement positionnées pour accéder potentiellement au job de chef (CEO). Des rôles plus opérationnels pourraient servir de tremplin pour briser le plafond de verre.

Clelia La question de la maternité ou des obligations liées à la carrière du partenaire ou mari subsistent. Une interruption, même momentanée, de l'activité professionnelle en raison d'engagements familiaux ou de la mobilité du partenaire ne permet pas d'obtenir la reconnaissance des compétences en même temps que les hommes. Pour conjuguer carrière et famille, les femmes ont très souvent recours au travail à temps partiel. Or il existe une culture du dur labeur où le temps passé au travail est valorisé. J'ai constaté qu'il est plus rare que les hommes choisissent un temps partiel. Ce qui est intéressant, c'est que mes amis de sexe masculin disent souvent qu'ils seront prêts, une fois père, de faire ce « sacrifice ». Néanmoins, ils n'oseraient pas de peur d'être jugés. Pourtant, tout est question de perception. Un ou une employée à temps partiel peut très bien gérer efficacement son temps et, dans le secteur tertiaire, les outils du digital y contribue. Une femme doit être efficacement entourée.

Il existe de nombreuses solutions mais ce qui freine les femmes, c'est la culpabilisation. Tu m'as aussi souvent confié qu'une femme pense avoir tout à prouver et se met une pression énorme. Tu m'as toujours dit que le choix du bon partenaire de vie est primordial. Il faut que les femmes (et les hommes) obtiennent l'égalité à la maison comme au travail. Là, l'attitude de mes parents a beaucoup influencé ma vision des choses. Avant de choisir le droit, je me suis souvent posé la question de savoir ce que je voulais faire de ma vie, mais jamais si je pouvais le faire. C'est une chance que toutes les petites filles devraient connaître !

Disponibilité et réseau

Adrienne J'ai souvent suggéré aux jeunes femmes qu'elles devaient très tôt penser au style de vie qui allait être le leur. La réputation dans la recherche se forge au travers de la publication des résultats présentés dans des congrès. Dans l'industrie, la flexibilité en termes de voyages ou de participation à des événements dans la branche, font aussi partie du job. Toutefois, les jeunes femmes devant jongler entre tâches professionnelles et vie domestique considèrent parfois le réseautage comme une perte de temps. J'ai observé des jeunes femmes assister à des conférences, prendre consciencieusement des notes, puis filer à la sortie pour s'acquitter de leurs tâches familiales. Mon conseil aux jeunes femmes est qu'elles ne fassent pas l'impasse sur le réseautage. Une carrière, c'est aussi un réseau.

Clelia C'est drôle, j'adopte souvent ton conseil. Lors d'événements, on fait des rencontres et surtout on apprend à rebondir sur le sujet de la conférence, à se former une opinion, à oser l'exprimer et prendre ses marques. C'est aussi une question de confiance en soi, ce qui s'apprend. La confiance c'est primordial et c'est ce dont les femmes manquent souvent. Cela engendre un manque de camaraderie et de la jalousie entre femmes alors qu'il faudrait qu'elles soient davantage solidaires. Que ce soit au travail, à l'université ou avec mes amies, j'ai remarqué que s'entraider et se valoriser permettaient à chacune d'accomplir de belles choses et d'avoir confiance pour se lancer. Valorisé comme il se doit, le succès d'une personne impacte toujours positivement l'ambition et la motivation de ses proches. C'est comme avec la marée, quand la mer monte, barques ou gros navires, tous les bateaux montent.

Vous ne pouvez pas être ce que vous ne pouvez pas voir.

Adrienne Quand on arrive au niveau de direction (C-level), il faut d'autant plus articuler son opinion et l'enrichir grâce à la pensée des autres. Trouver un consensus pour traduire une vision en une stratégie adaptée à l'entreprise. A mon époque, bien souvent, les femmes n'étaient pas poussées à défendre leur point de vue. Le vote des femmes a été intéressant. Ce fut tout un apprentissage, après tant d'années de conviction que la Politique, c'était l'affaire des hommes. Je me souviens d'avoir entendu qu'un père de famille, un «patriarche», au lieu de remplir son bulletin de vote, en remplissait deux! Le débat d'idée autour de votations ou d'élections aurait pu servir aux femmes à se forger une opinion personnelle, même si le choix des deux partenaires serait finalement le même. Dans les entreprises technologiques par exemple, les femmes occupent moins d'un poste de direction sur cinq. Pour ma part, j'ai toujours travaillé dans des entreprises technologiques où être une femme avait quelquefois un avantage. On ne passe pas inaperçue. Mais dans un monde qui fonctionne par reproduction des modèles existants, être la seule présente un défi. Souvent, les hommes sont gênés d'intégrer les femmes dans leurs activités sociales.

Clelia Même s'il y a de plus en plus de modèles de rôle, ils semblent toujours trop éloignés. En effet, les femmes manquent toujours de confiance car elles n'ont pas assez de modèle féminin au quotidien auquel elles peuvent s'identifier. Aussi en 2020, il subsiste une approche un peu condescendante (reflet du paternalisme) du mentorat, qui verrait un homme aider une femme. En discutant avec les femmes de mon âge, je constate que des exemples de femmes leaders sont rares au quotidien. Il est vrai qu'il y en a au niveau international, comme Sheryl Sandberg par exemple. Néanmoins, cela paraît encore beaucoup trop rares et inaccessibles pour que cela influence ma génération. Ce déséquilibre renforce les préjugés négatifs sur la capacité des femmes, mère de famille, à diriger et contribue à la rareté des femmes au sommet des entreprises. Il faudrait inverser le stéréotype et mettre en évidence la façon dont l'activité d'une femme dirigeante peut également bénéficier aux hommes. Elles doivent également contribuer à soutenir les jeunes femmes. Tu as cette qualité et j'ai toujours admiré cela chez toi !

Adrienne L'organisation matricielle des entreprises devraient pourtant favoriser le développement des compétences managériales. Diriger un projet lorsqu'on n'a pas d'autorité hiérarchique sur les participants requiert une sensibilité que les femmes, habituées à des pratiques de négociation pour le maintien de la cohésion familiale, pourraient invoquer. Dans ma vie professionnelle, les moments qui m'ont permis de gagner en crédibilité sont liés à des projets qui sortaient de la « ligne ». C'est là que l'on peut faire valoir des compétences tant sur le plan technique que sur celui si important des « soft skills ».

Clelia Les femmes devraient prendre d'avantage possession de leurs droits. Toutefois, « se vendre » pour une femme est perçue comme un acte méprisable. Une femme sûre d'elle effraie, alors qu'un homme qui se « vend » est admiré. Cela se retrouve d'ailleurs au niveau professionnel, mais également personnel. Encore aujourd'hui, une femme pleine d'ambition fait peur. Tu m'as souvent dit qu'il fallait faire le deuil de la « femme parfaite ». Pourtant je te voyais souvent faire des gâteaux à quatre heures du matin pour mon école avant d'aller travailler, pour être sûre que tu remplissais ce que tu pensais être ton rôle de mère parfaite. On a finalement fait un deal et j'allais acheter le gâteau en disant que c'était « de ma maman ». Cela me fait rire aujourd'hui mais je crois que cela influence ma manière de voir les choses. Je trouvais ça cool qu'on devienne alliées.

Adrienne Ces souvenirs me font rire ! Même si on a fait des études ouvrant les portes d'une carrière, le modèle de la mère et épouse « parfaite » persiste de façon quasi subconsciente. Savoir recevoir, le tout « fait maison », le jonglage des projets professionnels exigeant un engagement total, sont typiquement les défis auxquels une femme de « carrière » doit faire face. L'aspect psychologique joue un rôle très important. Le fameux plafond de verre persiste : près de huit femmes sur dix pensent que les fonctions dirigeantes sont synonymes de disponibilité permanente.

Clelia Certes, il faut un fort engagement de tout le monde. Mais la clé c'est le partage des tâches et l'interchangeabilité des rôles au sein de la famille. C'est d'ailleurs très tôt qu'il faut également apprendre cela aux garçons. L'exemple et l'éducation joue un énorme rôle dans la perception des genres et de leurs rôles. C'est là que les mères, mais aussi et surtout les pères, ont un rôle important à jouer pour l'éducation de leurs fils.

Les filles doivent prendre leur avenir en main.

Adrienne Comment motiver les filles ?

Clelia Il faut intégrer l'idée que la réussite ce n'est pas « d'avoir quelqu'un », de se définir par rapport à l'autre, mais avant tout d'être bien avec soi même. Dans ce contexte, tu m'as vraiment donné le meilleur des exemples !

Adrienne Que faire pour casser le plafond de verre ?

Clelia Les entreprises ne peuvent pas à elles seules démanteler les préjugés de la société. Elles peuvent toutefois les reconnaître et instaurer une culture d'entreprise favorable. Le mentorat et une politique de transparence sont des outils efficaces pour lutter contre les préjugés sexistes plus larges. Et surtout, il est temps que les femmes commencent à croire en elles.

<u>Adrienne</u> Une étude toute récente publiée par Programme des Nations Unies pour le développement à l'occasion de la Journée internationale des droits des femmes (PNUD, mars 2020), révèle que près de 90 pourcent de la population mondiale, tous sexes confondus, a des préjugés envers les femmes. La route est parsemée d'embûches. Si le mouvement #MeToo a libéré la parole sur les questions de harcèlement, il faut impérativement aussi parler de tous les autres sujets qui représentent un blocage à l'avancement des femmes dans l'entreprise et plus généralement dans la société.

<u>Clelia</u> Alors commençons !

**«Zeigt Mut. Werdet Expertinnen.
Nutzt Werkzeuge.
Kommuniziert direkt.
Übt Resilienz.»**

Bea Knecht, geboren 1967 in Zürich, ist Gründerin der Streamingplattform Zattoo und Verwaltungsrätin. Vorher entwickelte sie Software-Produkte für Banking, HR und Datacenter Automatisierung und war als Associate Partnerin in einer Strategieberatungsfirma tätig. Sie hat einen Abschluss in Informatik von der University of California (Berkeley) und einen MBA vom IMD in Lausanne. 2020 wurde Zattoo mit einem Emmy Award in der Kategorie «Technology and Engineering» ausgezeichnet.

Manifest für erfolgreiche Frauen in Unternehmen

Bea Knecht, Unternehmerin

Das Jubiläum des Frauenstimmrechts in der Schweiz ist mir als Geschäftsfrau ein Anlass, mein Manifest zur Debatte beizusteuern.

Der berufliche Erfolg von Frauen in Unternehmen ist mir wichtig, und Unternehmerin zu werden, halte ich für das Kreativste, was es gibt. Der Strauss von geeigneten Tätigkeiten für Frauen ist bunt. Zum Erfolg braucht es aber etwas Vorbereitung und Durchhaltewillen, oder in sechs Punkten formuliert:

1. Mutig Voran-Stehen
2. Erlangen des Expertinnen-Status
3. Einsetzen von Werkzeugen
4. Bestehende Unternehmens-Kulturen verstehen und auffrischen
5. Verwenden sowohl konsultativer wie auch direktiver Kommunikation
6. Resilienz zeigen

1. Mutig Voran-Stehen

Vorne stehen, sichtbar sein, einer Gruppe oder auch einer Bewegung voranstehen, ohne sich verstecken zu können, braucht Mut. *Lasst uns das früh und im Kleinen schon üben, um dann langfristig und gross umzusetzen. Packen wir ein Thema! Denken wir es gross! Denken wir langfristig! Den Weg dahin wollen wir in überschaubaren Abschnitten beschreiten.*

2. Erlangen des Expertinnen-Status

Frauen schneiden an Schulen und Hochschulen so gut ab wie Männer, aber sie brauchen viel Durchhaltewillen, um Experten-Status zu erlangen. In den meisten professionellen Fachbereichen spricht man davon, dass man ab ca. 10 000 Stunden oder fünf Jahren zu 2000 Stunden Experten-Status erreicht hat. Viele Frauen verspüren aber auf diesem Weg einen Kinderwunsch oder pausieren aus anderen Gründen. Zudem bestehen historisch gewachsene Stereotype zu Eigenschaften und Fähigkeiten von Frauen und Männern, die Frauen die Zuschreibung des Experten-Status erschweren, egal, ob sie verheiratet oder Mütter sind oder nicht.

Im Fach der Informatik, aus dem ich stamme, ist die kurze Halbwertszeit des Wissens eine zusätzliche Erschwernis. Bei einem Zwischenhalt zum Erlangen des Experten-Status kann nicht nahtlos an derselben Stelle fortgefahren werden, da mit der verstrichenen Zeit auch ein Teil des Wissens bereits wieder obsolet geworden ist. So muss nach einer Pause erst ein Teil des Wissens aktualisiert werden. Eine Unterbrechung von drei Jahren beispielsweise kann dazu führen, dass man erst nach insgesamt zehn Jahren dort ankommt, wo eine Person, die ihre Erwerbsarbeit nie unterbrochen hat, bereits nach fünf Jahren steht.

Wir können uns nicht zur Chefärztin, Chefpilotin, oder zur Chef-Ingenieurin hin improvisieren. Planen wir also den langen Weg zum Erlangen des Expertinnen-Status mit machbaren Zwischenschritten! Führen wir den Plan zu Ende, mit Improvisation, falls nötig, aber improvisieren wir nicht den ganzen Pfad!

3. Einsetzen von Werkzeugen

Werkzeuge sind nicht wegzudenken aus der modernen Berufswelt: zum Beispiel zum Management von komplexen Projekten, für Berechnungen, oder selbst zur strukturierten Kommunikation. Männer sehen Werkzeuge quasi als Erweiterung ihres Körpers. Da sie die Mehrzahl der Werkzeuge unseres Alltags bauen, bestimmen sie auch, wie Menschen damit umzugehen haben. Wenn Frauen aus Sicht der Männer mit Werkzeugen ungeschickt umgehen, gilt es als Fehler der Frauen, und sie sind durch den von Männern bestimmten Umgang mit Werkzeugen oft benachteiligt. Mächtige, wenn auch komplizierte Werkzeuge deswegen nicht zu nutzen, ist aber keine Alternative. *Üben wir uns im gekonnten Umgang mit Werkzeugen und bauen wir bessere Werkzeuge für Menschen!*

4. Unternehmens-Kultur verstehen und auffrischen

Ein Unternehmen kann behaupten, die Gleichstellung von Frauen wäre Teil ihrer Personalstrategie. Aber es gilt: «Culture eats Strategy for Breakfast.» Wenn Frauen dorthin gehen, wo Männer in der Mehrzahl sind, hilft es ihnen, die Unternehmens-Kultur zu verstehen, die sie dort vorfinden. Eine Unternehmens-Kultur entsteht in der Regel über viele Jahre. Also wird sie auch nicht gleich verschwinden. Sie enthält Spielregeln, deren Verständnis Frauen helfen kann, besser voranzukommen. Sobald Frauen mehr Macht erlangen, können Frauen diese Kulturen menschenfreundlich auffrischen. Je mehr Frauen in eine Kultur, zum Beispiel einen Unternehmensvorstand, ein Projekt, ein Team oder einen Verein hineinkommen, desto einfacher wird das. *Ziehen wir Menschen nach, die Frauen unterstützen!*

Eine Unternehmens-Kultur enthält beispielsweise Annahmen zur Kompetenz-Zuschreibung.

— Unternehmens-Kulturen in vielen Ländern Europas schreiben Frauen oft Eigenschaften wie Empathie und Kommunikation zu, aber Durchsetzungskraft und Durchhaltewille assoziieren sie eher mit Männern. Diese Stereotype beginnen schon im Kindesalter und werden über soziale Normen verstärkt: Jungs werden in ihrer Durchsetzungskraft und ihrem Wettbewerbseifer gefördert. Diese Qualitäten sind tatsächlich wichtig für Unternehmertum. *Beanspruchen wir Durchsetzungskraft und Wettbewerbswille auch für uns. Machen wir uns gegenseitig Mut, diese Qualitäten zu zeigen.*

— Weiter kann eine Unternehmens-Kultur Frauen fälschlicherweise die Kompetenz fürs Technische absprechen. Auch wenn ich mehrere Software-Produkte geprägt und Technikunternehmen gegründet habe, muss ich bisweilen beweisen, dass ich technisch ausgebildet und in technischen Details kompetent bin. *Zeigen wir durch unsere Karrieren Möglichkeitsmodelle auf, in dem wir auch Männer-typische Karrieren mit Zufriedenheit und Erfolg beschreiten. Bringen wir auch technische Karrieren in die öffentliche Wahrnehmung für Frauen und bereichern wir somit die Karrieremöglichkeiten von Frauen.*

— Die Unternehmens-Kultur regelt, wie High Potentials systematisch durch verschiedene Fachbereiche einer Firma rotiert werden. Dies dient der Vorbereitung auf Führungsaufgaben mit integrativem Charakter, die letztendlich in der Rolle als CEO gipfeln kann. Frauen kommen weniger in den Genuss dieser Förderung.

Dieser Effekt wird – im Gegensatz zur «gläsernen Decke» – «gläserne Wand» genannt: Frauen kommen in einem Fach nach oben, aber zur CEO-Rolle reicht es nicht, wenn sie nur einen Fachbereich gesehen haben. *Öffnen wir die Rotation durch verschiedene Fachbereiche für Frauen zwecks Vorbereitung auf Führungsaufgaben! So machen wir die Unternehmens-Kultur auch robuster und zukunftsfähiger.*

Das Absprechen von Kompetenzen bringt Einkommens-Einbussen und reduzierte Aufstiegschancen mit sich. *Dokumentieren wir Verstösse. Organisieren wir uns. Wehren wir uns politisch und wirtschaftlich.*

Männer interagieren anders als Frauen. Ich mache ein paar holzschnittartige Beispiele zur Interaktion in von Männern dominierten Kulturen.

- Männer erwarten voneinander Loyalitätsbeweise für die Aufnahme in ihre Gruppe, ihre Gesellschaft, ihr Team, ihre Firma. Das kann sehr weit gehen: je idiotischer der Loyalitätsbeweis, desto geeigneter ist er als Test bedingungsloser Folgschaft. Im Gegenzug erwarten Männer, dass sie später aufgrund ihrer bewiesenen bedingungslosen Loyalität mit einer Beförderung belohnt werden. Alle, die so gemeinsam am gleichen Strang ziehen, hebeln sich gegenseitig in die Höhe. *Diese Verhaltensweise ist uns Frauen fremd. Was wir aber tun können, ist uns Frauen gegenseitig zu stützen und zu stärken.*
- Wenn Männer einmal die Führung erlangt haben, müssen sie auch die damit verbundene Einsamkeit aushalten. Nicht von allen geliebt werden? Ein Normalzustand für viele Männer. Und das wird auch von Frauen erwartet, wenn sie einmal oben angekommen sind. *Auch wir können es aushalten, nicht von allen gemocht zu werden. Es ist nicht angenehm, aber es geht.*
- Männer haben ein sportliches Verhältnis zu ihren Kollegen. Sie mögen nicht alle Kollegen, aber sie erkennen, dass es 11 braucht, um Fussball zu spielen. Wenn wir Frauen eine Person nicht mögen, spielen wir oft gar nicht mit. Wir gelten als harmoniebedürftig. Es heisst oft, wir wollten nicht mit Leuten arbeiten, mit denen wir im Konflikt stehen würden. Konflikte können aber auch Inno-

vation anstossen. Durch Vermeidung von Konflikten bremsen wir ungewollt auch Innovation aus. *Seien wir pragmatischer. Üben wir uns im konstruktiven Umgang mit Konflikten.*

— Männer gönnen sich gegenseitig etwas: Wenn sie den Dienstwagen des Kollegen sehen, denken sie sich nicht so sehr «Den verdient er nicht!», sondern «Den will ich auch!». Frauen suchen oft vergeblich nach einem Sinn für gerechte Verteilung von solchen Belohnungen. *Gönnen wir einander und uns selber etwas.*

— Männer greifen unbeschwert nach einer Gelegenheit wie zum Beispiel einer Beförderung. Frauen werden weniger zur Beförderung vorgeschlagen, wenn sie dafür bekannt sind, lange abzuwägen. Zögern ist zwar verständlich, denn wir leben nicht alleine auf der Welt, sondern in einer sozialen Gemeinschaft. Wer aber die Gelegenheit nicht entschlossen ergreift, bleibt aussen vor. *Stellen wir uns also selber kein Bein. Sprechen wir frühzeitig und offen über unsere Karriere-Ambitionen am Arbeitsplatz und zu Hause. Dazu gehört auch die richtige Partnerwahl. So sind alle vorbereitet. Wenn die Chance kommt, ergreifen wir sie entschlossen!*

5. Verwenden sowohl konsultativer wie auch direktiver Kommunikation

Niemand hat Zeit, herauszufinden, was wir wollen, wenn wir es nicht deutlich sagen. Zu freundlich und nett zu sein, wird bei Frauen viel zu häufig mit Schwäche assoziiert. Sagen wir also, wo nötig, ganz klar «Ja», und sagen wir, wo nötig, auch «Nein».

Wir wollen nicht nur gehört, sondern auch verstanden werden. Wenn wir das NEIN nur vorsichtig und konsultativ statt direktiv kommunizieren, wird es gehört, aber nicht verstanden. Üben wir stattdessen auch die direktive Kommunikation. *Sagen wir also freundlich, aber bestimmt: «Die Idee für xy stammt von mir, und ich möchte die Ausführung selber aufgleisen.» Sagen wir ganz einfach, was Sache ist.*

6. Resilienz zeigen

Auf unserem beruflichen oder unternehmerischen Pfad werden wir bisweilen ans Aufgeben denken. Nebst der Geburt eines Kindes, familiären Verpflichtungen oder medizinisch/gesundheitlichen Problemen gibt es weitere Gründe, die uns zum Aufgeben verleiten:

— wenn wir bei der Arbeit ignoriert oder übergangen werden
— wenn wir gemobbt werden
— wenn wir Gewalt erleiden
— wenn wir schwer scheitern

Wie sollen wir reagieren, wenn wir ignoriert oder übergangen werden?
— *Bauen wir ein Zielbild und fügen wir Puzzlesteine ein. Skizzieren wir Lösungswege und testen wir diese Lösungswege.*
— *Machen wir aus dem «Was-Wenn» ein Planspiel, in das wir weitere Leute einbeziehen. Tragen wir den inneren Monolog nach aussen. Finden wir andere Menschen, die helfen, den Lösungsweg zu validieren. Dadurch dass wir mit ihnen gemeinsam an der Lösungsfindung arbeiten, bringen wir uns emotional wie intellektuell näher, und die Lösung ist meist besser und durchdachter als vorher.*
— *Nutzen wir Netzwerke und stärken sie. Wenn sie nicht da sind, bauen wir sie auf. Sprechen wir miteinander über Pläne und Ziele.*
— *Teilen wir Geschichten von Erfolg und Misserfolg, lernen daraus und geben Erkenntnisse weiter.*
— *Zeigen wir Beharrlichkeit. Nur mit Beharrlichkeit kommen wir auf die 10 000 Stunden, die es bedarf, um eine Expertin zu werden.*

Wenn wir gemobbt oder bewusst irregeleitet werden, müssen wir das zunächst erkennen, bevor wir es überwinden können. Beim Mobbing ist offensichtlich, dass andere uns nicht wohlgesonnen sind. Beim Gaslighting, also der bewussten Manipulation der Realität eines Menschen, ist das nicht offensichtlich.

Für beides gilt: *Ziehen wir neue Personen zu Rat. Glauben wir nicht ungeprüft, was uns suggeriert wird.*

Was machen wir, wenn wir Gewalt erleiden? Geben wir uns selber die Schuld? Ungerechtigkeiten geschehen, ohne dass wir sie ursächlich verantworten. Sie sind Teil des Lebens. Dieses Zitat vom US-Komiker Jerry Seinfeld mag uns helfen bei der Überwindung von Schmerz: «Pain is knowledge rushing in to fill a gap.» (Schmerz ist Wissen, das in eine Lücke drängt.) *Auf schmerzliche Art haben wir etwas gelernt, das wir vorher nicht wussten. Hören wir auf, uns die Schuld zu geben. Marschieren wir weiter.*

Und schliesslich: Wie überwinden wir das schwere Scheitern bei einer Aufgabe? Scheitern zu können ist eine wichtige Fähigkeit in einer Welt, in der sich sowieso alles verändert. Von der früheren einmaligen Ausbildung und danach lebenslangen Anstellung sind wir abgekommen. Wer sich versteift, folgt keinem Zukunftsmodell, sondern zeigt eine Haltung, die verwundbar macht. Weil Männer gesellschaftlich auf die Rolle des erfolgreichen Ernährers festgelegt sind, haben sie sogar noch mehr Mühe damit als Frauen. *Üben wir uns stattdessen in Selbstwirksamkeit. Schauen wir nach vorne. Machen wir neue Pläne. Bleiben wir nicht zu lange im Problem stecken. Fehler, die wir als solche erkennen, können uns unseren Zielen näherbringen.*

Das sind meine sechs Punkte für beruflichen Erfolg und das Unternehmertum von Frauen.

Ich habe darüber geschrieben, weil ich weiss, wie es Männer anpacken. Das hat mit meiner Biografie zu tun. Bei Interesse lässt sich meine Geschichte googlen.

«Einen berufstätigen Mann würde man nie fragen, wer passt jetzt auf deine Kinder auf.»

Christa Rigozzi, geboren 1983 in Monte Carasso, Tessin, hat Medien- und Kommunikationswissenschaft sowie Politikwissenschaft an der Universität Fribourg und Strafrecht und Kriminologie an der Universität Bern studiert. 2006 wurde sie Miss Schweiz. Seither ist sie als Moderatorin, Entertainerin und Influencerin tätig.

Der Kampf gegen Klischees

Christa Rigozzi, Moderatorin und Entrepreneurin, im Portrait
von Irène Schäppi

Wir treffen die Moderatorin Christa Rigozzi in einem Café in Zürich. Gut gelaunt und Energie geladen legt sie direkt los: «Was für ein Superthema! Das Jubiläum zum Frauenstimmrecht ist so wichtig. Schon zu Hause haben wir immer viel über Wahlen gesprochen. Es gehörte immer zum guten Ton im Dorf, vor dem Gottesdienst abstimmen zu gehen. Wenn man sich als Familie nicht im Abstimmungslokal gezeigt hat, wurde das als eine Schande angesehen. Dank der Briefwahl ist das aber etwas entspannter geworden, auch für meine Eltern», berichtet Rigozzi schmunzelnd. Das Interesse an der Politik habe sie schon als Kind von ihrer Familie eingeimpft bekommen. «Politik gehört schon immer zu meinem Leben dazu. Meine Mutter war Mitglied in der CVP. Bei uns wurde immer viel diskutiert, auch zwischen mir und meinem Bruder. Ich bin stolz darauf, in einem demokratischen Land zu leben, und ich verpasse nie eine Abstimmung.»

Weil die Wahlbeteiligung in der Schweiz nach wie vor relativ gering ist, nutzt Christa Rigozzi auch gezielt ihre Social Media-Kanäle, um ihre fast 50 000 Follower zum Wählen zu animieren: «Für wichtige Wahlen – wie etwa damals zur zweiten Gotthardröhre oder der Abstimmung zum Energiegesetz – werbe ich bewusst auf Instagram, weil es mir persönlich wichtig ist. Ich zeige dort zwar nicht, was oder wen ich wähle, aber ich fordere meine Follower auf, abstimmen zu gehen, poste Statements wie ‹Ich habe gewählt. Und du?› Oder: ‹Vergesst nicht, abstimmen zu gehen!› Das ist mir gerade in Richtung meiner jungen Follower sehr wichtig.»

Überhaupt, die Gotthardröhre: Kurz vor der Abstimmung war Rigozzi als Talkgast in die «Arena» ins Schweizer Fernsehen eingeladen, was zu heissen Diskussionen führte. «Wie? Eine Ex-Miss Schweiz soll sich dazu äussern – was hat die denn zu sagen?» waren noch die netteren Kommentare. Sogar Nationalräte mischten sich im Vorfeld der Sendung in die Debatte ein, die vor allem auf Twitter und Facebook hohe Wellen schlug. Dass Christa Rigozzi aber als Tessinerin, Unternehmerin und gefragte Moderatorin mehrmals in der Woche durch den Gotthard fährt und sich darum als politisch denkende Bürgerin und Betroffene äussern würde, das überstieg den Horizont vieler Kritiker. Und Rigozzi dachte gar nicht daran, sich vor der Sendung zu rechtfertigen. Ihr Auftritt in der «Arena», da war sie überzeugt, würde für sich sprechen. Und so war es auch.

«Nach dem Auftritt traute sich niemand mehr, mir in dieser Sache meine Kompetenz abzusprechen», erzählt sie. «Es gab nur positives Feedback, ein Nationalrat hat sich bei mir sogar entschuldigt.» Nachdem sie im 2017 neu kreierten Live-Politformat «Arena/Reporter» auch als Co-Moderatorin mitwirkte, erhielt sie auch plötzlich diverse Anfragen aus der Politik. «Die habe ich aber immer abgelehnt. Politisch aktiv zu sein, könnte natürlich etwas sein, nachdem ich mich aus der Medien-Öffentlichkeit zurückgezogen habe», sagt sie halb spassend, halb ernst.

Und dennoch macht diese Episode deutlich, wie hartnäckig sich die Vorurteile gegen Schönheitsköniginnen bis heute halten. «Miss Schweiz zu sein, war und ist mehr als nur schöne Kleider und Füdli zu zeigen», sagt Rigozzi. «Ich habe mich mit 23 ganz bewusst entschieden, bei der Wahl teilzunehmen. Ich wollte schon immer meine Stimme erheben, mit meiner Meinung sichtbar sein. Mir war klar, dass die Miss Schweiz eine Möglichkeit ist, genau das zu tun und meine eigene Marke aufzubauen. Diese Wahl war ein Sprungbrett für mich und hat mir meine Karriere als Moderatorin und Entrepreneurin ermöglicht. Dass ich bis heute erfolgreich bin, liegt aber an mir selber. Ich bin eine geschickte Geschäftsfrau mit einer eigenen Firma geworden.»

Dass sie für ihr Aussehen einen Preis gewonnen hat, ist für sie allerdings immer noch komisch: «Mir war damals schon klar, dass ich nicht die schönste Frau der Schweiz bin – es haben sich ja gar nicht alle beworben. Und ich bin übrigens ganz froh, dass es bei Instagram wirklich coole Filter gibt.» Christa Rigozzi verfügt über eine gute Portion Humor und Selbstironie.

Ob sie diese Vorurteile, dass Schönheitsköniginnen nur schön, aber weder klug noch politisch sind, nicht doch verletzen, wollen wir wissen – gerade weil sie so sehr bodenständig ist und einen ausgeprägt politischen Blick hat. Rigozzi dazu: «Ich kämpfe gegen Klischees, in jeder Hinsicht. Im Vergleich zu anderen Ex-Missen habe ich aber immer noch Glück. Mich trifft es weniger. Ich bin sehr stark und kann klischeebehaftete Diskussionen persönlich gut ausblenden, so dass sie mich in meinen Privatleben nicht belasten. Trotzdem versuche ich damals wie heute zu zeigen, dass all diese Klischees falsch sind.»

Wir fragen, wie sie es einschätze, dass in den sozialen Medien aktuell extrem starre Geschlechterrollen reproduziert werden, also Frauen ihren Fokus auf Beauty, Mode und Lifestyle haben, während Männer sich eher aktiv und mit Muskeln in Szene setzen: «Wenn Frauen und Männer sich nur auf Basis dieser Klischees inszenieren, sind sie selber schuld. Denn dadurch tragen sie absolut nichts dazu bei, um die Vorurteile aufzubrechen. Ich persönlich habe auf Instagram einen anderen Ansatz: Wenn du in meinen Feed schaust, siehst du Familie, Karriere und Social Responsibility. Das hat auch damit zu tun, dass ich keine Stempel mag.»

Starallüren sucht man bei ihr vergebens. «In der Schweiz mögen wir keine Diven», grinst sie. «Was mich allerdings tatsächlich nervt, ist, wenn ich von wildfremden Menschen direkt auf meine Kinder angesprochen werde.» Als wäre es abgesprochen, kommt eine ältere Kellnerin an unseren Tisch, um uns Tee und Kaffee zu bringen – und fragt direkt nach Rigozzis kleinen Töchtern: «Frau Rigozzi, wie geht es ihren Meitli? Wo sind sie jetzt?» Christa Rigozzi lächelt die Frau freundlich an und antwortet, dass ihr Mann Giovanni gerade auf die Zwillinge aufpasse. Eigentlich eine völlig normale Antwort. Trotzdem ist die Kellnerin sichtbar erstaunt. «Aha, ihr Mann passt auf die Kinder auf? Aber sie fahren schnell wieder zurück, nicht wahr?»

«Das passiert mir so oft», erzählt uns Rigozzi. Denn in der Schweiz gelten Frauen, die Familie mit einer Karriere koppeln, immer noch allzu oft als Rabenmütter. Seit der Geburt ihrer Töchter muss sie sich quasi ständig rechtfertigen: «Egal ob ich einen Anlass moderiere, auf der Strasse unterwegs oder bei einem Event bin – ständig kommen Leute auf mich zu und fragen «Christa, wo sind deine Kinder?». Das kann mich schon mal wütend machen – denn bei einem berufstätigen Mann würde sich niemand nach dem Verbleib seiner Kinder erkundigen. Darum antworte ich manchmal auf solche Fragen, ich hätte meine Töchter irgendwo auf der Strasse stehen lassen. Oder sie in meine Handtasche gesteckt!» Rigozzi lacht und rollt gespielt theatralisch mit den Augen.

Tatsache ist allerdings, dass ein Grossteil der Schweizer immer noch Mühe damit hat, sobald das traditionelle Familienmodell auf den Kopf gestellt wird. Überhaupt findet Rigozzi zu diesem Thema: «Wir Frauen können alles erreichen: Wir können Mutter sein und Karriere machen. Wichtig ist hierfür einfach, dass wir es tun.» Im Falle von Christa Rigozzi heisst das: «Ich bin diejenige, die arbeitet und bin rund zehnmal im Monat beruflich unterwegs. Mein Mann Gio arbeitet hauptsächlich als Hausmann, kümmert sich um unsere Töchter und ist daneben noch zu 30 Prozent als Interiordesigner tätig». Dass Giovanni Marchese deswegen häufig von sogenannten Karrieremännern belächelt wird, nimmt er gelassen: «Ein Typ hat Gio mal ungläubig gefragt, ob er als Hausmann denn auch Windeln wechseln würde. Mein Mann hat darauf geantwortet: ‹Ja, warum nicht?›.»

Rigozzi und ihr Mann sind sicher, dass sich immer mehr Männer nach einer neuen Vaterrolle sehnen und darum der Wunsch nach Elternzeit[1], flexiblen Arbeitsmodellen und Home-Office auch unter den Männern zunimmt. «Hier sind sowohl der Staat als auch die Unternehmen gefragt», sagt sie dazu.

Auch Christa Rigozzis Vater beneidet seinen Schwiegersohn um dessen Beziehung zu den Kindern. Sie erzählt, wie ihr Vater einmal zu ihr sagte: «Gio hat Glück, dass er so viel Zeit mit den Kindern verbringen kann. Das war bei mir nicht möglich – ich ging morgens zur Arbeit und kam erst spät am Abend nach Hause, wenn die Kinder schon im Bett waren». Ihr Vater sei ein schönes Beispiel dafür, dass in diesem Bereich langsam ein Umdenken stattfindet, so Rigozzi. Insbesondere weil er aus einer traditionellen Tessiner Familie stammt. Ihre 92-jährige Grossmutter etwa durfte keine Ausbildung machen. Stattdessen mussten sie und ihre Schwestern im Haushalt helfen und nach der Schule in einem Laden arbeiten, um die Ausbildung der zwei Brüder mitzufinanzieren. Und in der Ehe war eine traditionelle Frauenrolle angesagt: Kochen, Putzen, Kleider nähen und die Kinder betreuen.

Als Christa Rigozzi 2006 Miss Schweiz wurde, hatten ihre Grosseltern Angst, dass sie ihr Studium nicht abschliessen würde. Das kam für Christa Rigozzi aber nie in Frage. «Mein Studium ist ein wichtiger Baustein meiner Karriere: Marketing, Kommunikation, Journalismus, Medienrecht – das ist, was ich den ganzen Tag mache.

Mein Studium war dafür extrem hilfreich.» Heute folgt ihr die Grossmutter auf Facebook.

Warum sie für sich die Bezeichnung «Feministin» bisher abgelehnt hat, obwohl ihre ganze Lebens- und Handlungsweise ausgesprochen feministisch und emanzipiert ist? Rigozzi zögert. «Wie gesagt, ich mag keine Stempel. Ich bin aber trotzdem eine Frau, die für die gleichen Rechte und Werte wie Feministinnen kämpft. Ich bin überzeugt: Frauen müssen die genau gleichen Chancen haben wie Männer. Sie müssen aber auch gleich viel dafür tun. Mütter, die Haushalt, Kinder, Arbeit unter einen Hut kriegen, bewundere ich. Ich will mir keine Bezeichnung geben müssen. Ich will Karriere und Kinder, das ganze Leben – und mich glücklich fühlen dabei.» Ganz ähnlich denkt Christa Rigozzi über das Thema Frauenquote: «Ich bin der festen Überzeugung, dass alle Leute nach ihren Fähigkeiten beurteilt werden sollten – und es ist falsch, dass wir immer noch dafür kämpfen müssen, dass fähige Frauen ihr Wissen zum Tragen bringen können. Aber die Frauen können durchaus auch selber etwas ändern. Auch ich musste kämpfen für das, was ich erreichen wollte. Mich anstrengen in der Schule und im Gymnasium, im Studium meine Fachkenntnisse unter Beweis stellen. Das passierte alles unabhängig vom Geschlecht. Ich war immer gut vorbereitet. Frauen wollen heute dieselben Positionen wie die Männer, was ich gut finde. Doch finde ich es ebenfalls wichtig, dass sich die Frauen das verdienen. Unterschiede können auch selbst verschuldet sein. Ich stelle aber immer wieder fest, dass es auch Männer gibt, die professioneller sein könnten und die eine strengere Beurteilung verdienen würden. Gleichbehandlung ist mir in jedem Fall sehr wichtig.»

Diese Werte versucht sie auch ihren zwei Töchtern zu vermitteln. Etwa wenn es um die starre Zuteilung von Kleider- und Spielzeugfarben in Rosa und Blau geht. «Wieso sollten wir unsere Kinder nach solchen Stereotypen erziehen? Gleichstellung beginnt schon hier», ist Rigozzi überzeugt. Als wir ihr erzählen, dass die Zuteilung von Rosa für Mädchen und Blau für Jungs ein kulturhistorisches Konstrukt und bis Anfang des 20. Jahrhunderts genau umgekehrt war, muss sie lachen. «Was ist denn falsch daran, wenn Buben mit Puppen spielen? Zum Glück habe ich einen Kinderarzt, der mir von Anfang an gesagt hat, ich solle darauf schauen, dass meine Kinder mit allem spielen. Also Mädchen mit einem Fussball, Buben mit einer Küche etc.»

Von einem Event bei einer Baufirma hat Rigozzi ihren zwei Mädchen ganz selbstverständlich einen Spielzeugtruck und einen Bagger mit nach Hause gebracht. Den Veranstalter irritierte das sichtbar: «Aber, Christa, du hast doch zwei Töchter!», habe er gesagt. Rigozzi zuckt mit den Schultern. «Ma certo! Und jetzt? Sie spielen trotzdem mit Baggern! Wie sonst können wir die neue Generation für Gleichstellungsthemen sensibilisieren?»

«Was bedeutet dir Geld?», wollen wir wissen. «Das ist schwierig zu beantworten. Ohne Geld kann man heute nicht leben. Ich denke bei dem Thema auch an alleinerziehende Mütter, und ich denke an die fehlende Lohngleichheit in unserem Land. Geld ist für Frauen besonders wichtig. Denn finanzielle Unabhängigkeit gibt uns mehr Power, Freiheit und auch Selbstsicherheit gegenüber den Männern. Darum ist es auch so wichtig, eine Ausbildung zu machen, berufstätig zu sein, den eigenen Horizont zu erweitern, bevor man eine Familie gründet. Mich macht es irgendwie traurig, wenn ich sehe, dass junge Frauen mit 20 Mütter werden.» Zum Glück würde es nun allmählich von der Gesellschaft akzeptiert, wenn Frauen mit über 30 oder auch noch über 40 Kinder bekämen. Und überhaupt: «Ich bin davon überzeugt: Frauen müssen zuerst unabhängig sein, ganz egal, ob sie einen Mann haben oder nicht.»

Und das Jubiläum 50 Jahre Frauenstimmrecht? «Das Jubiläum ist mir sehr wichtig, das Wahlrecht ist mir sehr wichtig», und nach einer Pause fährt sie fort: «Die Schweiz mit ihrer Geschichte ist manchmal schon ein bisschen eigenartig, oder?»

1 In der Schweiz wurde im September 2020 die Einführung eines zweiwöchigen Vaterschaftsurlaubs beschlossen. Dass es in Sachen Vaterschaftsurlaub auch anders geht, zeigt ein Blick über den Schweizer Tellerrand in die Nachbarländer: In Deutschland etwa können beide Elternteile Elternzeit in Anspruch nehmen. Jeder Elternteil kann Elterngeld für einen Zeitraum von mindestens zwei bis maximal zwölf Monaten beziehen. Noch progressiver ist Schweden: Dort ist der Bezug von insgesamt 460 Tagen Elterngeld möglich, je 90 Tage sind für die Mutter beziehungsweise den Vater exklusiv reserviert.

«Die Frauen in der Schweizer Politik sind gekommen, um zu bleiben.»

Die Ökonomin Kathrin Bertschy, geboren 1979 in Thun, ist Mitglied der Grünliberalen Partei glp und seit 2011 Nationalrätin. Zuvor war sie Stadträtin der Stadt Bern. 2014 wurde sie neben der Nationalrätin Maya Graf einstimmig zur Co-Präsidentin des Frauendachverbandes alliance F gewählt. Die alliance F hat aktuell 150 Mitgliedsverbände und vertritt damit die Interessen von rund 400 000 Frauen in der ganzen Schweiz.

Helvetias überparteilicher Ruf und sein Echo

Kathrin Bertschy, Nationalrätin und Co-Präsidentin alliance F

Helvetia – die Ikone der Schweizer Demokratie – hat die Frauen gerufen, und sie wurde gehört! 2019 ging als erstes eigentliches Frauenwahljahr in die Schweizer Geschichte ein: Das erste Mal überhaupt wurden bei den National- und Ständeratswahlen mehr neue Frauen als neue Männer gewählt. Im Nationalrat politisieren neu 84 statt 64 Frauen, ihr Anteil beträgt rekordhohe 42 Prozent. Und auch in der kleinen Kammer, im Ständerat, haben die Frauen die Sitzzahl verdoppelt und besetzen neu 12 Sitze. Das macht zwar erst ein Viertel des Rates aus, ist aber eine beträchtliche Verbesserung für die Schweizer Demokratie. Dass die Frauen bei den Wahlen 2019 überparteilich so erfolgreich sein würden, war zunächst alles andere als absehbar – die Prognosen sahen denkbar schlecht aus.

Hochgeehrte Herren!

50 Jahre ist es her, dass Frauen abstimmen und wählen dürfen, und dass sie überhaupt in politische Ämter, in die Legislative und Exekutive, aber auch in die Judikative, gewählt werden können. Es war ein zu langer und ein beschämend mühsamer Weg dorthin, ein demokratischer Sündenfall sondergleichen! Beinahe 100 Jahre lang schrieben Frauen Petitionen, regten Gesetzesänderungen an, argumentierten stets faktenkundig und präzise für das Stimm- und Wahlrecht sowie weitere gesellschaftliche Reformen, wurden aber trotzdem schlicht und einfach ignoriert. Während all dieser Jahre formierte sich alliance F – gegründet im Jahr 1900 als überparteilicher Bund schweizerischer Frauenorganisationen –, zu einer parastaatlichen Organisation und zur Stimme der Frauen in der Schweizer Politik. Die Frauen der alliance F kämpften ausserhalb des offiziellen Männerstaates um politische Mitsprache und Selbstbestimmung, unbezahlt und inoffiziell, aber nicht weniger kompetent, wie die zahlreichen historischen Eingaben an «die Hochgeehrten Herren!» dokumentieren. Doch sollte es bis 1971 dauern, dass die bis dahin ausschliesslich

männliche Stimmbevölkerung den Frauen die gleichen politischen Rechte zugestand.

Frauenanteil erhöhte sich nur langsam und dann blieb der Schwung weg

1971 wurden die ersten elf Nationalrätinnen[1] und die erste Ständerätin[2] gewählt, 1974 die erste Bundesrichterin (Margrith Bigler-Eggenberger)[3], 1983 die erste Bundesrätin (Elisabeth Kopp)[4]. Der Einfluss der Frauen auf die Gesetzgebung wurde rasch sichtbar: Der Gleichstellungsartikel in der Bundesverfassung, das neue Eherecht, welches Ehefrauen endlich als ihren Männern gleichwertig definierte, folgten bereits in den 1980er-Jahren. Der Frauenanteil im Nationalrat erhöhte sich stetig, aber sehr langsam – von 5 Prozent 1971 bis auf 32 Prozent im Jahr 2015. Doch irgendwann blieb der Aufschwung weg. Nach der Jahrtausendwende blieb der Frauenanteil in den Legislativen und Exekutiven auf nationaler, kantonaler und städtischer Ebene bei 20–30 Prozent stehen. Im Ständerat war ihr Anteil bereits wieder im freien Fall.

Rückfall in düstere Zeiten droht

Trotz beinahe 50 Jahren Frauenstimmrecht war es nicht gelungen, dass Frauen und Männer zu gleichen Teilen politische Entscheidungen treffen. 2018 waren die Regierungen der Kantone Luzern, Graubünden, Tessin und Appenzell Ausserrhoden wieder reine Männergremien. Im Ständerat politisierten gerade mal sieben Frauen (von 46 Mitgliedern), auf Gruppenfotos waren sie in der ganzen Männerschar kaum zu erkennen. Auch die Ratsdebatten machten deutlich, dass der Rat in punkto Gleichstellung und Gesellschaft in einem anderen Zeitalter stehen geblieben war.

Und dann kam es plötzlich Schlag auf Schlag: 2018 kündigten zahlreiche verdiente National- und Ständerätinnen ihren Rücktritt zum Ende der Legislatur an – im Ständerat alle bis auf Brigitte Häberli-Koller (CVP). Die schlimmsten Befürchtungen drohten einzutreten: Vielleicht würde bald nur noch eine einzige Frau unter 45 Männern die Frauen im Ständerat vertreten. Ein regelrechter Backlash, der weitere schlimme Folgen haben konnte. Der Politikwissenschaftler Fabrizio Gilardi hatte in einer Untersuchung nämlich 168 Gemeindewahlen in der Region Zürich ausgewertet und festgestellt: Wird eine Frau gewählt, stellen sich in den Nachbargemeinden bei den nächsten Wahlen mehr Frauen zu Wahl. Im Umkehrschluss droht ein sinkender Frauenanteil eine Negativspirale auszulösen, womit der Anteil der Frauen noch weiter abnehmen könnte.

Genau das galt es dringend zu verhindern. Politikerinnen sämtlicher Parteien waren tief besorgt. Für sämtliche Generationen und Parteien in der alliance F war klar: Es brauchte jetzt einen grossen Ruck, ein überparteiliches Band zwischen den Frauen, einen regelrechten Aufbruch. Eine eindringliche Botschaft bzw. Kampagne musste her, um den Rückschritt aufzuhalten und um diesen in einen Vorwärtsdrall zu verwandeln. So wurde Helvetia auf den Plan gerufen.

Helvetia, Ikone der Schweizer Demokratie

Helvetia: Ikone, Inbegriff der Schweizer Demokratie, die sich auf die schweizerischen Traditionen und Werte der Demokratie beruft! Helvetia, die mit List und mit Humor arbeitet, die aber auch knallhart zählt und den Spiegel vorhält! Diese Helvetia war in tiefer Sorge: Sie hatte festgestellt, dass in der ganzen Geschichte der Schweizer Eidgenossenschaft mehr Männer namens Hans Gesetze geschrieben haben als Frauen insgesamt. Sie weiss, dass die systematische Untervertretung der Frauen und ihrer Perspektive Ausdruck einer mangelnden Demokratiequalität ist. Eine Regierung und ein Parlament, denen nur oder mehrheitlich Männer angehören, repräsentieren unsere Bevölkerung nicht.

... und Helvetia ruft!

Sie ruft!, weil sie weiss, dass eine Demokratie nur so gut ist, wie sie ihre Bevölkerung repräsentiert. Sie ruft!, weil es an der Zeit ist, damit Frauen die Gesetze, welche das Zusammenleben von uns allen gestalten, gleichermassen mitprägen.

Warum es so lange dauert? Ein unfaires Rennen!

Helvetia hat analysiert, warum es so lange dauert mit der gleichen politischen Teilhabe von Männern und Frauen:

1. Die politische Kultur ist männlich geprägt. Sie trifft nicht sehr lebensnahe Entscheidungen, was wiederum viele Frauen demotiviert, ein politisches Amt anzustreben.
2. Die politische Kultur ist voller systemischer Hürden – Steine, die den Frauen in den Weg gelegt wurden: Kleine Wahlkreise zum einen, Majorzwahlen zum anderen behindern im Schweizer Politiksystem, dass die Bevölkerung repräsentativ vertreten wird.
3. Und: Politik ist ein unfaires Rennen. Die Männer haben einen gewaltigen Vorsprung in Form der «Bisherigen». Man hätte damals – 1971 – die Hälfte der Sitze im Nationalrat für Frauen reservieren können, im Sinne der Konkordanz der Geschlechter. Oder man hätte ganz einfach die Sitzzahl im Rat verdoppeln und die Hälfte der Sitze den Frauen zuweisen können. Aber obwohl der ganze Bundesstaat auf Quoten beruht – die Gesetzgebung nennt sie nur anders, nämlich Konkordanz – war eine Konkordanz der Geschlechter nicht erwünscht. Deshalb dürfen Frauen seit 1971 zwar antreten und sich auf denselben Listen, im Proporzwahlrecht, gegen Bisherige behaupten. Solange sie aber auf den Listen nicht die Hälfte der Kandidierenden stellen und genauso gute, wenn nicht bessere Listenplätze für sich beanspruchen können, dauert es eine Ewigkeit, bis sie die Hälfte der Ratsmitglieder ausmachen werden.

Es dauert deshalb so lange, weil eben nur ein knappes Drittel der 200 Nationalratssitze effektiv neu besetzt werden. Die anderen gehen an Bisherige – und Bisherige waren und sind vor allem Männer. Mehr als drei Viertel der bisherigen Nationalrätinnen und Nationalräte treten jeweils zur Wiederwahl an und profitieren von hohen Chancen auf eine Wiederwahl. Erfahrungsgemäss werden rund 85 Prozent der Bisherigen im Amt bestätigt. In dem Drittel, das bei einer Wahl effektiv neu besetzt wird, lässt sich der Frauenanteil nur dann wesentlich steigern, wenn Frauen möglichst viele der neu zu verteilenden Sitze erobern.

Helvetias 3-Punkte-Plan

Helvetia hat das erkannt und einen Plan geschmiedet. Dieser baute auf drei Punkten auf:

— Ein gewaltiges, überparteiliches Empowerment von Frauen für Frauen, um die Zahl der Kandidatinnen massiv zu vergrössern.
— Ein Mentoring-Programm, um interessierte Frauen mit Tipps und Tricks für den Wahlkampf zu versorgen und mit Mentorinnen sowie einem breiten Netzwerk Gleichgesinnter in Kontakt zu bringen.
— Ein Wettbewerb der Parteien und eine Öffentlichkeitskampagne, um den Druck auf die Parteien zu erhöhen, Frauen auf chancenreichen Listenplätzen aufzustellen. Und die Wählerinnen und Wähler zu sensibilisieren, ausdrücklich Frauen zu wählen, um die Demokratie zu verbessern.

Helvetia wusste: Damit zahlreiche Frauen kandidieren, braucht es eine Bewegung aus der Zivilgesellschaft und hierfür brauchen Frauen Vorbilder, die Helvetias Ruf verkünden. Vorbilder, mit denen sie sich identifizieren können. Es braucht aktive und ehemalige Politikerinnen, die bestärken und ihre Erfolgsgeschichten erzählen und die Politik nahbarer machen. Der Erfolg kommt, wenn die Frauen zahlreicher antreten als je zuvor. Wenn sie sich gegenseitig unterstützen. Wenn sie im Team antreten. Und das über alle Parteigrenzen hinweg!

Und Helvetia wusste auch: Frauen müssen gleich gute, wenn nicht bessere Listenplätze erhalten, um auch tatsächlich gewählt zu werden. Und zwar in sämtlichen Sektionen aller Parteien und Kantone.

Das war die Botschaft und der Plan, den ich 2018 zusammen mit meiner Co-Initiantin, Flavia Kleiner von Operation Libero[5], geschmiedet hatte, mit dem schlichten Ziel, die Schweizer Demokratie zu verbessern und die Zahl der Entscheidungsträgerinnen in der Politik gewaltig zu erhöhen.

Die überparteiliche Bewegung erhält Fahrt

Mit «Helvetia ruft!» wurde eine überparteiliche Bewegung von Frauen aus der Politik, aber eben auch aus verschiedensten anderen Bereichen der Gesellschaft und Wirtschaft ins Leben gerufen: Am grossen Kampagnenstart am 27. September 2018 in Bern nahmen über 350 Frauen teil. Die erste Bundesrätin Elisabeth Kopp und insgesamt 14 Leaderinnen aus Politik, Sport, Wirtschaft, Journalismus und Musik riefen Frauen aus der Schweiz dazu auf, sich bei www.helvetia-ruft.ch einzutragen und den Schritt in die Politik zu wagen. Der Anlass wurde im Schweizer Fernsehen übertragen und in vielen Medien rezipiert: Bilder des Aufbruchs und der Verschwesterung wurden gezeigt, die die Schweiz eindringlich auf ein Frauenwahljahr einstimmen sollten.

Über die Webseite der Initiative konnten sich interessierte Frauen melden, es konnten aber auch Frauen – Freundinnen, Arbeitskolleginnen, Nachbarinnen, egal ob bereits in einer Partei oder nicht – zum Kandidieren ermuntert werden, so dass sich die Initiative mit ihnen in Verbindung setzen konnte. Auf diese Weise entstand der Kontakt zu mehr als 600 Frauen aus 21 Kantonen, 11 Parteien und allen Schweizer Sprachregionen, die Interesse an einer Kandidatur hatten. Es waren 600 Frauen, die auf die Listen der Parteien drängten und die motiviert waren, für sich sowie ihre Kolleginnen möglichst viele und möglichst gute Listenplätze zu beanspruchen.

«Helvetia ruft!» hat die Kandidatinnen in Workshops und Mentorings mit Tipps und Tricks auf ein Mandat vorbereitet, sie hat informiert, vernetzt und die interessierten Frauen über Monate begleitet – von der Kandidatur bis zur heissen Phase des Wahlkampfs.

Wettbewerb der Parteisektionen

Und weil Fähigkeiten alleine nicht zur Wahl verhelfen, sondern ein chancenreicher Listenplatz oftmals der entscheidende Faktor für den Wahlerfolg darstellt, hat Helvetia auch den kantonalen Parteisektionen, welche die Listen zusammenstellen, genau auf die Finger geschaut: Im Herbst/Winter 2018/2019 haben die überparteilichen Projektträgerinnen – Nationalrätinnen aus allen im Bundeshaus vertretenen Parteien – die Kantonalsektionen auf ihre demokratische Verantwortung aufmerksam gemacht und sämtliche Vorstandsmitglieder der kantonalen Parteisektionen in einem Brief dazu aufgefordert, den Frauen aussichtsreiche Listenplätze zu geben. Angekündigt wurde gleichzeitig das Rating der Parteisektionen, welches auf die Wahlen hinzeigen würde, wie gut die Sektionen diese Aufgabe gemeistert haben.

Druck von der Strasse

Und dann hat Helvetia auch noch demonstriert. Unter dem Motto «Frauen gehören ins Haus – ins Bundeshaus» lud «Helvetia ruft!» gemeinsam mit Nationalrätinnen aus allen Parteien die Kandidatinnen am 14. Juni 2019 unter die Bundeshauskuppel ein, um dort Platz einzunehmen. Dort, wo ihnen so lange ihr Wirken verwehrt blieb und sie immer noch untervertreten sind. Im grössten Streik seit 100 Jahren gegen das nach wie vor herrschende patriarchale Machtgefälle zwischen den Geschlechtern forderten über eine halbe Million Frauen* und Männer die längst überfällige Umsetzung der Gleichstellung. Die Welle von «Helvetia ruft!» wurde auf die Strasse getragen, gewann weiter an Kraft und prägte bereits vor dem Wahltag eine neue, gesellschaftliche Dynamik.

Erfolgsfaktoren für die neue Dynamik

Dass sich die Frauen bei den Schweizer Parlamentswahlen 2019 schliesslich so zahlreich durchsetzten, ist drei Faktoren zu verdanken: Ihrer (noch nie so zahlreichen) Anzahl auf den Listen, ihrer guten Platzierung auf den Listen und ihrer Priorisierung durch die Wählerinnen und Wähler.

Genauer erklärt:

— 1873 Frauen kandidierten für die Wahlen, das waren so viele wie noch nie zuvor. Ihr Anteil hatte deutlich zugenommen: plus 43 Prozent im Vergleich zu den letzten Wahlen. Auf den relevanten Hauptlisten der Parteien kandidierten 40 Prozent Frauen, insbesondere Parteisektionen aus der politischen Mitte und der FDP hatten sich stark verbessert.

— Die wissenschaftlich-statistische Analyse der Listen und Listenplätze zeigte, dass in vielen Sektionen die Wahlchancen der Frauen aufgrund der Platzierung mittlerweile besser waren als jene der Männer; nämlich dann, wenn eine Erneuerung anstand, es also zu Sitzgewinnen oder Rücktritten kam. In 36 Prozent der Kantonalparteien sollte im Falle eines Sitzgewinnes oder Rücktritts mit grosser Wahrscheinlichkeit eine Frau nachrücken. Bei 29 Prozent der Listen standen die Chancen für Männer besser. Bei den restlichen waren die Chancen fast exakt gleich. Viele Parteisektionen hatten ihre demokratische Verantwortung also tatsächlich wahrgenommen. Helvetia klassifizierte sie in vier Kategorien – Vorbilder, Lernwillige, Unsensible sowie unverbesserliche Männerbastionen – und machte diese öffentlich. Um die Parteien auch in Zukunft dazu anzuhalten, sich konstant zu verbessern, im Sinne einer hohen Demokratiequalität.

— Und letztlich sind auch die Wählerinnen und Wähler Helvetias Ruf gefolgt – Frauen haben im Schnitt und über alle Listen hinweg 387 Stimmen mehr erhalten als ihre Listenkollegen. Was den Effekt der guten Listenplätze noch zusätzlich verstärkte.

Am 20. Oktober 2019 hatten dann nicht nur die Frauen zu feiern, sondern auch all jene Parteien, welche ihrer demokratischen Verantwortung gerecht geworden waren und Frauen zahlreich aufgestellt hatten. Denn die Schweiz erlebte an jenem Wahltag ein kleines Wunder – Männerbastionen in der Innerschweiz wurden gesprengt: Die Kantone Zug und Obwalden, die noch nie in ihrer Geschichte eine Frau nach Bern geschickt hatten, haben Manuela Weichelt-Picard (Grüne, Zug) und Monika Rüegger-Hurschler (SVP, Uri) in den Nationalrat gewählt. Die Kantone Uri und Wallis erhielten erstmals in ihrer Geschichte eine Ständerätin (Heidi Z'graggen, Marianne Maret). Stände- und Nationalräte wurden nicht wiedergewählt, Frauen nahmen stattdessen «ihre» Plätze ein. 33 neue Nationalrätinnen wurden gewählt – die Frauen eroberten zusätzliche 20 Sitze. Der Rat hat auf einen Schlag ein anderes, ein weiblicheres Gesicht erhalten: Mit 42 Prozent Frauenanteil in der grossen Parlamentskammer rückt die Schweiz im internationalen Ranking vom 37 auf Platz 16 vor Norwegen, Italien und Frankreich. Es ist das grösste Plus (+ 10 Prozentpunkte im Nationalrat, + 100 Prozent im Ständerat) in der Geschichte der Schweizer Demokratie.

Einen Erfolg in diesem Ausmass hatten selbst die Initiantinnen und Projektträgerinnen von «Helvetia ruft!» kaum zu hoffen gewagt. Und trotzdem ist eine 50:50-Vertretung der Geschlechter immer noch in weiter Ferne. Gerade, wenn man in die Kantone schaut: Was passiert, wenn Helvetia kurz eine Verschnaufpause einlegt und die Zivilgesellschaft sowie Parteien zu wenig achtgeben, wurde uns Anfang 2020 wieder einmal schmerzhaft vor Augen geführt. Im Kanton Schwyz sind seit den Wahlen vom 23. März 2020 gerade mal noch neun von 100 Mitgliedern im Kantonsrat Frauen. Und Uri wählte am 8. März 2020, ausgerechnet am Weltfrauentag, eine reine Männerregierung. Damit sind aktuell sechs Kantonsregierungen fest und ausschliesslich in Männerhand. Das ist einer Demokratie unwürdig.

Wie sich der Erfolg auf Dauer einstellen soll?
Es wird darum noch Jahre, wenn nicht Jahrzehnte, dauern bis zur gleichen politischen Teilhabe. Helvetia wird noch lange rufen müssen. Und wie in der Vergangenheit auch, werden die Frauen überparteilich und hartnäckig am Ball bleiben müssen: Sie müssen Vorbilder und Mentorinnen sein und im entscheidenden Moment bei der Gestaltung der Wahllisten gute Listenplätze einfordern. Und damit bei den nächsten und übernächsten nationalen Wahlen im National- und Ständerat die Verbesserung anhält, braucht es natürlich Nachwuchs aus den kantonalen Parlamenten und Regierungen – aus Gremien, die fast allesamt noch stark männerdominiert sind. Deshalb ist «Helvetia ruft!» seit Mai 2020 auf Tournee: Sie trägt ihre bewährte Formel in die Kantone. Denn die Erfolgsgeschichte der Frauen bei den Wahlen 2019 soll auch in den Kantonen weitergeschrieben werden. Sie sind gekommen, um zu bleiben, die Frauen in der Schweizer Politik!

1 Tilo Frey (1923–2008, FDP), Hedi Lang-Gehri (1931–2004, SP), «Josi» (Josephine) J. (Johanna) Meier (1926–2006, CVP), Gabrielle Nanchen (geb. 1943, SP), Martha Ribi-Raschle (1915–2004, FDP), Hanna Sahlfeld-Singer (geb. 1943, SP), Liselotte Spreng (1912–1992, FDP), Hanny Thalmann (1912–2000, CVP), Lilian Uchtenhagen (1928–2016, SP), Nelly Wicky (1923–2020, PdA), zudem Elisabeth Blunschy-Steiner (1922–2015, CVP), die 1977 als erste Frau zur Nationalratspräsidentin gewählt wurde

2 Lise Girardin (1921–2010) für die FDP.

3 Vgl. den Beitrag von Isabel Rohner über Margrith Bigler-Eggenberger auf den Seiten 73–83.

4 Vgl. das Interview mit Elisabeth Kopp auf den Seiten 31–44.

5 Operation Libero wurde 2014 gegründet und versteht sich als politische Bewegung, die sich für eine weltoffene und zukunftsgewandte Schweiz einsetzt.

«Je höher Bildung und Einkommen einer Person sind, desto eher nimmt sie in der Regel auch an Abstimmungen und Wahlen teil – das gilt für Frauen wie für Männer.»

Cloé Jans, geboren 1986 in Solothurn, ist Leiterin des operativen Geschäfts und Mitglied der Geschäftsleitung des Forschungsinstituts gfs.bern. Die Politikwissenschaftlerin hat einen Bachelor der Universität Zürich, einen Master in Schweizer und Vergleichender Politik der Universität Bern sowie Nachdiplomstudiengänge im Bereich Kommunikationsmanagement und Leadership an der ZHAW absolviert. Sie kommentiert Wahlen für gfs.bern im Schweizer Radio, Fernsehen und in diversen Zeitungen.

Wie nehmen Frauen ihr aktives und passives Wahlrecht wahr?

Cloé Jans, Wahlforscherin

Mit der Einführung des Frauenstimmrechts 1971 erkämpften sich die Schweizerinnen dieselben politischen Rechte wie ihre Väter, Ehemänner, Brüder und Söhne. Über Nacht kamen auf 2,5 Millionen Schweizer rund 2,7 Millionen Schweizerinnen, die – sofern volljährig und mündig – abstimmen, wählen und selber für politische Ämter kandidieren konnten. Eine solche Ausweitung des Elektorates ist in jeder Hinsicht ein riesiger Eingriff in das politische System eines Landes mit dem Potenzial, die etablierte Ordnung aus der Balance zu werfen. Die Abstimmungsplakate aus dieser Zeit sind Zeugen davon, dass die Angst vor einem massiven Umbruch 1971 durchaus vorhanden war.

Verschiedenste sozialwissenschaftliche Untersuchungen zeigen, dass diese Angst vor grossen Veränderungen nicht unbegründet war. Aus der Wahlforschung wissen wir: Es sind die persönlichen Erfahrungen einer Person, deren sozioökonomischer Hintergrund, Werte oder Merkmale, die ihre politischen Entscheidungen vor allem prägen.[1] Gegen die Sozialisation kommt keine Abstimmungskampagne an. Eine Person, die unter prekären ökonomischen Bedingungen aufgewachsen ist, wird durch diese Erfahrung geprägt genauso wie jemand, der nach religiösen Grundsätzen erzogen wurde. Diese sogenannten Prädispositionen sind äusserst beständig und bilden einen dauerhaften Rahmen für die Beurteilung der (öffentlichen) Diskussion rund um Themen wie beispielsweise Migration, Umwelt oder Sicherheit. Auch die Geschlechter-Sozialisation ist ein ganz wichtiger Faktor. Ein Mädchen, das zu Weihnachten Puppen und einen Kochherd geschenkt bekommt, lernt, die Welt anders zu sehen als der kleine Junge mit dem Feuerwehrauto und Cowboy-Hut. Frauen wurde bislang und wird bis heute eine andere Rolle in der Gesellschaft zugeschrieben, sie haben dadurch andere Voraussetzungen und damit einen anderen Erfahrungsschatz als Männer, und das zeigt sich durchaus in ihren politischen Präferenzen.

Dennoch, 50 Jahre nach der Einführung des Frauenstimmrechts wissen wir: Die Revolution ist ausgeblieben. Helvetia ging nicht auf die Barrikaden, die Schweiz blieb auch nach Einführung des Frauenstimmrechtes durch fortwährende politische Identifikationsmerkmale wie Neutralität, direkte Demokratie und Föderalismus geprägt, erfreut sich bis heute eines grossen Wohlstandes, und die Angst vor dem Verlust von Arbeitsplätzen ist nach wie vor eines der grössten Totschlagargumente bei jedem Abstimmungskampf. Tatsächlich dauerte es noch Jahrzehnte, bis Kernanliegen der Frauen wie eine Fristenregelung (per 1. Oktober 2002) oder der Mutterschaftsurlaub (seit 1. Juli 2005) eingeführt wurden.

Wo, das ist nun die Frage, ist denn der Unterschied zwischen Männern und Frauen, wenn es um Politik und um das Ausüben ihres aktiven (Teilnahme an Wahlen und Abstimmungen) und passiven (Kandidatur für politische Ämter) Wahlrechts geht? Und was hat sich in den letzten 50 Jahren verändert?

Stimmbeteiligung

Zuallererst einmal ist 1972 die Stimmbeteiligung gesunken. Tatsächlich zeigt der Blick in die Statistik, dass die durchschnittliche Stimmbeteiligung bei Abstimmungen unmittelbar nach Einführung des Frauenstimmrechts von 44.1 Prozent (1961 bis 1971) auf 39.9 Prozent (1972 bis 1983) sank. Zwar unterliegt die Stimmbeteiligung immer gewissen Schwankungen, je nach Art des Anliegens, Intensität der Kampagne oder Anzahl der Vorlagen, die zur Abstimmung kommen. Die Nachanalyse eidgenössischer Volksabstimmungen (VOX-Analysen[2]), die ab 1981 im Auftrag des Bundes systematisch durchgeführt wurden, zeigen jedoch, dass die Einführung des Frauenstimmrechts durchaus ein Grund für diese tiefere Partizipation gewesen sein dürfte. Im Durchschnitt waren Frauen in den 1970er-Jahren weniger gebildet, verfügten über ein geringeres Einkommen und waren weniger Teil der arbeitstätigen Bevölkerung als Männer. Diese Attribute sind wichtige Determinanten für die Stimmbeteiligung einer Person. Die Abstimmungsforschung zeigt konkret: Je höher Bildung und Einkommen einer Person sind, desto eher nimmt sie in der Regel auch an Abstimmungen und Wahlen teil – das gilt für Frauen wie für Männer. Zwischen Anfang der 1980er- und Mitte der 1990er-Jahre lag die Beteiligung der Männer im Durchschnitt noch 10 Prozent über derjenigen von Frauen.[3] Mitte der 1990er- bis Mitte der 2000er-Jahre betrugt der

Unterschied noch 6 Prozent und inzwischen ist er im Durchschnitt über alle Abstimmungs-Vorlagen fast verschwunden.[4] Allerdings gibt es durchaus Unterschiede bei der Wahlbeteiligung nach Alter: Bei den jüngeren Männern und Frauen ist die Wahlbeteiligung ähnlich (tief), danach nimmt die Beteiligung beider Geschlechter zu. Bei Frauen im Pensionsalter allerdings ist die Wahlbeteiligung – im Gegensatz zu Männern im selben Alter! – deutlich tiefer.[5]

Beteiligung Wahlen 2019 nach Alter

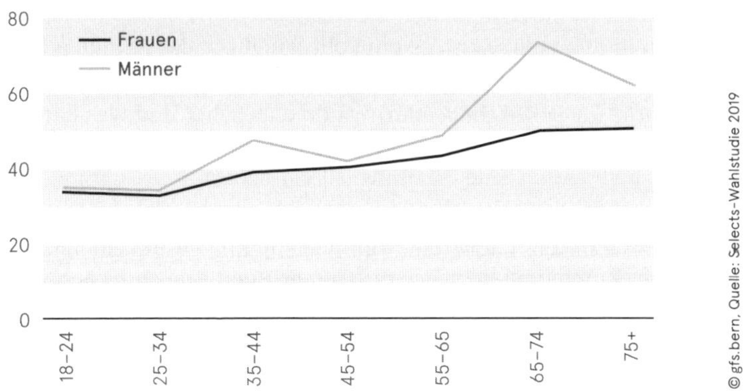

In den letzten beiden Dekaden ist nicht nur das Bildungsniveau der Frauen stark gestiegen, sie erobern sich auch immer mehr ihren Platz in der Arbeitswelt[6] – und sie nehmen damit einhergehend auch immer selbstverständlicher ihr aktives Wahlrecht war. Der Generationenwechsel von Frauen wie meiner Grossmutter, die 42 Jahre alt war, als sie zum ersten Mal abstimmen durfte, über meine Mutter, die bei der Einführung des Frauenstimmrechts 19 Jahre alt war und durch den Kampf um Mitbestimmung stark politisiert wurde, bis zu meiner Generation, für die das Wahlrecht eine Selbstverständlichkeit ist, hinterlässt also Spuren. Frauen haben sich inzwischen an das Recht auf Mitbestimmung (mindestens in der politischen Sphäre) gewöhnt.

Politische Präferenzen

Gleiche Beteiligung heisst nicht zwingend gleiche Präferenzen. Seit Einführung des Frauenstimmrechts gibt es immer wieder Abstimmungen, bei denen Männer und Frauen auf unterschiedlichen Seiten des politischen Grabens stehen. Die Forscherinnen Gathmann und Funk kamen in ihrer umfassenden Untersuchung von nationalen Volksabstimmungen zwischen 1981 und 2003 zum Schluss, dass Frauen insbesondere bei Umweltfragen, Abstimmungen zum Ausbau des Gesundheitswesens oder zu mehr sozialer Gerechtigkeit eher zu einer Annahme bereit waren als Männer. Auf der anderen Seite war die Bereitschaft zur Unterstützung von Vorlagen zur Kernenergie oder auch von zusätzlichen Militärausgaben deutlich geringer. Entgegen gewisser Vermutungen[7] gibt es dagegen kaum Evidenz, dass Frauen mehr Steuergelder ausgeben wollen als Männer – sie wollen jedoch die vorhandenen Steuergelder anders investieren: Weniger Militär, mehr Umwelt und Soziales.[8]

Seit 1990 wurde insgesamt 278-mal über eidgenössische Abstimmungen befunden.[9] Eine Sichtung aller Nachabstimmungsanalysen ergibt dabei nur bei zehn Vorlagen unterschiedliche Mehrheiten zwischen Männern und Frauen. Bei diesen Vorlagen war der Unterschied in Prozent Zustimmung zwischen Männern und Frauen in der Regel nicht besonders gross, aber in einem Fall summierte sich die Zustimmung auf ein «Ja» an der Urne, im anderen Fall hingegen resultierte ein «Nein» – mit den entsprechenden realpolitischen Konsequenzen.[10] Von diesen zehn Vorlagen entschieden die Frauen das Rennen siebenmal für sich. Sie setzten die erleichterte Einbürgerung für junge Ausländer*innen durch, die Annahme der Antirassismus-Strafnorm, die Alpeninitiative und die Unverjährbarkeitsinitiative. Auf der anderen Seite brachten sie die Initiative gegen illegale Einwanderung zu Fall, ein neues Gesetz über die Arbeitslosenversicherung, das eine Leistungskürzung vorsah, oder auch den Kauf der Gripen-Kampfjets. Gegen die Männer unterlegen sind die Frauen dagegen bei der Tierschutzinitiative, der Abstimmung über das Krankenversicherungsgesetz sowie bei der Abstimmung über ein flexibles Rentenalter 62.

Diese Übersicht bestätigt die Befunde von Gathmann und Funk: Obwohl sich Männer und Frauen in den allermeisten Fällen über ein Ja oder Nein an der Urne einig sind, haben Frauen in gewissen Bereichen andere politische Präferenzen als Männer. So bevorzugen Frauen Umweltschutz vor Technologie (zum Beispiel bei Kernkraft) und wünschen den Schutz und Inklusion Benachteiligter (zum Beispiel bei Migration und Gesundheitspolitik), anstatt ihre politischen Ansichten streng nach einem Links-Rechts-Schema auszurichten.

Spannend ist hingegen, dass sich Frauen, dort wo sie anderer Meinung sind – mindestens in der jüngeren Zeit – in sieben von zehn Fällen gegen die Männer durchsetzen:

Jahr	Vorlage	Ja-Anteil Frauen	Ja-Anteil Männer	Votum
1992	Tierschutzinitiative	51	37	Nein
1994	erleichterte Einbürgerung	59	48	Ja
1994	Antirassismus-Strafnorm	64	47	Ja
1994	Alpeninitiative	56	49	Ja
1994	Krankenversicherungsgesetz	48	56	Ja
1996	gegen illegale Einwanderung	42	51	Nein
1997	Arbeitslosenversicherung	42	55	Nein
2000	Flexibles Rentenalter 62	50.4	43.6	Nein
2008	Unverjährbarkeitsinitiative	58	48	Ja
2014	Beschaffung Gripen	42	53	Nein

Untersuchungen zeigen, dass Frauen nicht nur bei Abstimmungen, sondern auch bei Wahlen andere Präferenzen haben als Männer. Die Politikwissenschaftlerin Rosalind Shorrocks[11] stellt bei Wahlen in westlichen Ländern einen sogenannten «modern gender gap» fest.[12] Gemäss Shorrocks gibt es für die Generation, die 1955 oder früher geboren wurde, keinen Geschlechterunterschied im Wahlverhalten, bei Generationen mit Jahrgang 1956 oder später hingegen schon. Der Unterschied wird dabei prononcierter, je jünger eine Person ist: Nach 1956 wählen Frauen (zunehmend) linker als die Männer derselben Alterskohorte. Auch in der Schweiz wählen Frauen insgesamt heute eher linke Parteien als Männer, wie beispielsweise auch die Nachanalyse zu den Wahlen 2019 bestätigt.[13]

Von der Wählerin zur Politikerin

Die Wahlen 2019 werden als jene in die Geschichte eingehen, bei denen die Frauen der Schweiz ihr Stück vom Kuchen entschiedener als je zuvor eingefordert haben. Nicht nur haben mehr Frauen denn je für ein Amt als Nationalrätin kandidiert – es wurden auch mehr Frauen denn jemals zuvor in der Geschichte der Schweiz effektiv gewählt. Im Ranking der Länder mit den meisten Frauen im Parlament der Inter-Parliamentary Union schoss die Schweiz im letzten Oktober so von Platz 37 auf Platz 16.[14] Nach Jahren der Stagnation (oder im Falle des Ständerates sogar eines Rückgangs) ging es im Oktober 2019 plötzlich mit schnellen Schritten voran. Die Schweiz hat aber noch einen weiten Weg vor sich, bis politische Gleichberechtigung vollständig erreicht ist. Im Ranking des Global Gender Gap Index des Weltwirtschaftsforums (WEF) liegt die Schweiz bei der politischen Repräsentation auf Platz 19 (von 153). Die fortschrittliche Schweiz muss im Bereich der politischen Gleichstellung Ländern wie Nicaragua, Ruanda, Bangladesch oder Mexiko den Vortritt lassen.[15] Gerade auf der Ebene Kantone – in der Legislative aber ganz besonders auch bei der Exekutive – ist im Durchschnitt höchstens jedes dritte Amt von einer Frau besetzt.

Entwicklung des Frauenanteils in politischen Insitutionen (1971–2020)

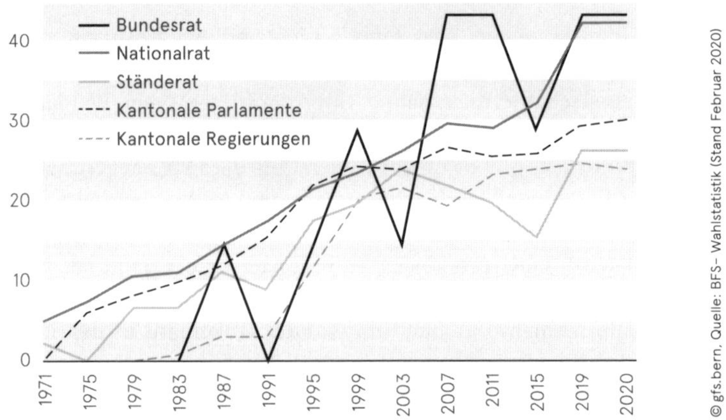

Ein Blick auf die Frauenanteile in den Kantonsparlamenten einzelner Regionen zeigt zudem, dass es nach wie vor grosse Unterschiede innerhalb des Landes gibt. Während sich zahlreiche politische Entscheidungen entlang des sogenannten Röstigrabens aufziehen, scheinen die Frauen bei der Vertretung in den kantonalen Parlamenten gegen einen Alpenwall ankämpfen zu müssen. Mit Ausnahme des Tessins, der bei den letzten kantonalen Wahlen den Frauenanteil deutlich gesteigert hat, liegt die Anzahl der Frauen in der Legislative in den Kantonen in Alpennähe deutlich unter dem Durchschnitt der restlichen Kantone der Schweiz.

Durchschnittlicher Anteil der Frauen in kantonalen Parlamenten, gesamte Schweiz: 29.2 %

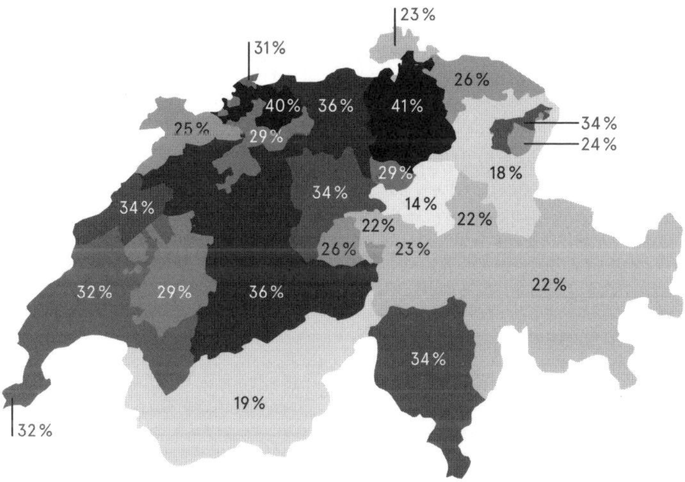

©gfs.bern, Quelle: BFS- Wahlstatistik (Stand Februar 2020)

Was braucht es denn, damit Frauen auch ihr passives Wahlrecht vermehrt wahrnehmen und auch in den Exekutiven und in den Parlamenten der Alpenkantone zu gleichen Teilen Einsitz haben wie die Männer? Mehr weibliche Vorbilder? Eine Untersuchung des Instituts für Politikwissenschaft der Universität Zürich[16] konnte nachweisen, dass die Wahl einer Frau in solchen Gemeinden, in denen bisher kaum eine Frau ein Amt innehatte, Vorbildcharakter hat und weitere Kandidatinnen nach sich zieht. Dieser Effekt liess sich insbesondere in den

Jahren nach der Einführung des Frauenstimmrechts feststellen, verschwand dann allerdings wieder. Insgesamt drängen sich Frauen weniger in den Vordergrund als Männer, unterschätzen sich selber eher und scheuen den kompetitiven Wahlkampf.[17] Die politische Kultur innerhalb einer Partei ist dementsprechend ein zentraler Faktor zur Gewinnung von Frauen für ein politisches Amt. Es braucht also selbstbewusste Frauen und die Bereitschaft der Parteien. Was aber ebenfalls zentral ist und, wie die Wahlen 2019 gezeigt haben, gut wirkt, ist gesellschaftlicher Druck: Die Wirkung von Kampagnen wie «Helvetia ruft!» oder den Frauenstreiks zeigt das eindrücklich.

1 Paul F. Lazarsfeld et. al.: *The People's Choice. How the Voter Makes Up his Mind in a Presidential Campaign.* New York 1994; Harald Schoen und Jürgen W. Falter (Hrsg.): *Handbuch Wahlforschung.* Wiesbaden 2005; John Zaller: The Nature and Origins of Mass Opinion. New York 1992.

2 VOX-Analysen (2016): Analyse eidgenössischer Urnengänge, hrsg. vom Forschungsinstitut gfs.bern in Zusammenarbeit mit den politikwissenschaftlichen Instituten der Universitäten Bern, Genf und Zürich, 1977 ff.

3 Patricia Funk und Christina Gathmann: *Gender gaps in policy making: evidence from direct democracy in Switzerland.* Economic Policy, Januar 2015 (141–181).

4 Auswertung Vox-Analysen 2004–2016.

5 Vgl. Selects-Wahlstudie 2019: https://forscenter.ch/selects_reports/slc-2020-00001 (abgerufen im Juli 2020)

6 Beispielsweise nimmt der Anteil der Paar-Haushalte mit einem traditionellen (männlichen) Ernährermodell klar ab (von 61 Prozent 1992 auf 29 Prozent 2012). Auch der Lohnunterschied nimmt – obwohl noch immer vorhanden – ab. Vgl. hierzu die Publikation des BFS von 2019: www.bfs.admin.ch/bfs/de/home/statistiken/wirtschaftliche-soziale-situation-bevoelkerung/gleichstellung-frau-mann.assetdetail.349118.html

7 J.R. Lott und L.W. Kenny: *Did women's suffrage change the size and scope of government?,* Journal of Political Economy, Nr. 107 von 1999, 1163–98.

8 Gathmann und Funk 2015.

9 www.swissvotes.ch (Stand 2020).

10 1990 bis 2016: VOX-Analysen (gfs.bern), 2016 bis 2019 Voto-Analysen (Fors, Lausanne), nur Vorlagen aufgeführt, bei denen Geschlechter-Unterschied als statistisch signifikant erscheint.

11 Rosalind Shorrocks Untersuchung von 2018: https://ecpr.eu/Filestore/PaperProposal/1007b816-245e-4b82-9dae-956cf361070d.pdf

12 https://ecpr.eu/Filestore/PaperProposal/1007b816-245e-4b82-9dae-956cf361070d.pdf

13 Siehe Selects: https://forscenter.ch/projekte/selects/?lang=de

14 https://data.ipu.org/women-ranking?month=3&year=2020

15 Global Gender Gap Report 2020. Online: www3.weforum.org/docs/WEF_GGGR_2020.pdf

16 Fabrizio Gilardi: *The Temporary Importance of Role Models for Women's Political Representation.* American Journal of Political Science, Nr. 59(4) 2015: 957–970.

17 Ebenso Gilardi 2015.

«Entgegen der häufig zitierten Medienlogik, dass Frauen auf dem Vormarsch seien, ist das Gegenteil der Fall. Frauen sind nicht nur das ‹andere Geschlecht›, um mit Simone de Beauvoir zu sprechen, sondern im digitalen Raum das ‹inexistente›.»

Dr. phil. Regula Stämpfli hat ihre Schwerpunkte in Political Design, Digital Transformation, Demokratietheorie und dem Werk von Hannah Arendt. Die Bestsellerautorin ist als unabhängige wissenschaftliche Beraterin für die Europäische Union tätig und gilt international als eine der anerkanntesten Expertinnen für Demokratie, Medien und Digitalisierung. @LaStaempfli – so ist ihr Zwitschername – fungiert immer wieder im «Who is Who» der Schweiz und bei den «Global Leaders 2016» gehörte sie zu den «100 einflussreichsten Businessfrauen» der Schweiz. Zusammen mit Isabel Rohner macht sie den Podcast «Die Podcastin».

«Worldly» statt «Selfie»: Entwurf für eine digitale (Frauen-)Demokratie

Regula Stämpfli, Politikwissenschaftlerin und politische Philosophin

War Karl Lagerfeld eine Leitfigur des Feminismus? Statt einem ungläubigen Kopfschütteln folgt der Hinweis auf die Chanel-Frühjahrs-/Sommerkollektion von 2015. In dieser schleuderte der geniale Modemacher den Zeitgeist über den Runway: Die sehr kleidsamen Caroline de Maigret (Autorin von «How To Be Parisian Wherever You Are») und Cara Delevingne hielten Megaphone in ihren Händen, während Georgia May Jagger, Gisele Bündchen, Joan Smalls und Edi Campbell Plakate mit Sätzen wie «History is Her Story», «Feminism not Masochism», «We Can Match the Machos» und «Ladies First» trugen. Lagerfelds damalige Muse, das Männermodel Baptiste Giabiconi, wedelte mit «He for She».[1]

Seitdem verkauft die sehr schicke «Revolution light» unter dem Label eines vermeintlichen Feminismus alles: Überzeugungen, Uterus, das eigene Frausein, Sextoys, Asexualität, Polyamorie, Body Positivity, Diversität, Gleichheit, Gender, Verhüllung, Enthüllung – Hauptsache, der Hashtag wird retweeted. Fake ist nicht erst seit dem orangenfarbigen Haupt in den USA Trump(f), sondern manifestiert sich darin, alle Werte wie Warengruppen möglichst aufmerksamkeitsfördernd durcheinanderzuwirbeln.[2] Diese wirksame Marketingstrategie der Mode- und Lifestylebranche führt im «Digital Age» direkt ins Datenkorsett für alle Menschen. Menschen, an allererster Stelle Frauen, werden als «Datenpakete» geschnürt, die «google gerecht», in der Fachsprache mit drei Buchstaben gekennzeichnet – SEO: search engine optimization –, standardisiert werden. Digitalisierung besteht darin, alles Denk- und Undenkbare, allen voran das, was frühere Generationen «Leben, Lebewesen, Menschen» nannten, in eine weltumspannende Zahlenreligion von Nullen und Einsen berechenbar, planbar und verfügbar zu machen.

In aller Kürze erkläre ich hier die Logik der Digitalisierung, die Anforderungen der Demokratie und welche Rolle dabei Gender, Frauen und Diversität spielen.

«Dass Menschen statistisch erfasst werden, ist doch nix Neues», wenden die meisten ein, die die Technik der verwobenen und unendlichen Reproduzierbarkeit noch nicht begriffen haben. Dabei ist alles «neu» an der Digitalisierung: Die in der Digitalisierung zum Tragen kommende Technik, Logik, Kultur, Macht, Wortherrschaft wirbeln jahrhundertealte Konzepte von Recht, von öffentlich und privat, von Lebendig- und Körperlichkeit, von Partizipation, von Information, Verleumdung, Aufklärung und vieles andere durcheinander. Demokratie wird «automatisiert» und damit aus der Öffentlichkeit, das heisst aus der Sichtbarkeit, das heisst aus dem Bewusstsein von Macht und Herrschaft, das heisst aus dem Kollektiven in die Dunkelheit und in das Selfietum («Bubble») der technischen Reproduzierbarkeit der algorithmischen Blackboxen eingesperrt.[3]

Gemeinsam mit der grossen Philosophin Hannah Arendt analysiere ich diese Prozesse als «Weltverlust», der im Wesentlichen die Dynamik der Verschiebung von der Allmacht von Systemen, Daten und Abläufen zu Ungunsten der Wirklichkeit, des Fleisches, der Realität, der sinnlich erfahrbaren Welt darstellt. Erinnern wir uns. Facebook wurde 2004 von ein paar Studenten ursprünglich zum Zwecke gegründet, Frauen auf der Skala von 0 bis 10 zu ent- und bewerten. Dank einfacher Oberfläche, simpler Applikationen, hoher krimineller Energie «move fast and break things» sowie dank dem urmenschlichen Bedürfnis, sich auszutauschen, zu vernetzen, zu tratschen, sich selber darzustellen, wurde aus der sexistischen Money Machine Facebook der Prototyp für alle «soziale Netzwerke» des angehenden 21. Jahrhunderts. Die Gewaltstruktur, die den Imagetechniken und den Menschenbildern in den ausgelegten Schrift- und Netzordnungen der grossen «G-Mafia» (Amy Webb) wie Google, Microsoft, Amazon, Facebook, IBM und Apple unterliegt, wird zwar mittlerweile problematisiert, aber viel zu selten als «misogyner Digitotalitarismus» (Regula Stämpfli) entlarvt. Wissenschaftliche Publikationen, Konferenzen, Kongresse, Sachbücher rund um «Digitale Demokratie» drehen sich um die Struktur der «G-Mafia» als «Überwachungskapitalismus» (Shoshana Zuboff) und bei den volkschinesischen Plattformen wie Baidu, Alibaba und Tencent – kurz BAT genannt – um die «Neuerfindung der Diktatur» (Kai Strittmatter). Dies ist sehr klug und richtig, verkennt aber die vollständige Enteignung aller Menschenrechte, eine

Enteignung der Grundrechte, die sich – auf Samtpfoten zunächst als eine Auflösung herkömmlicher Moral propagiert – in erster Linie zunächst gegen Frauen, deren Körper, deren Solidarität, deren Freiheiten und deren schwer erkämpfte Demokratien richtet. Dies zu erkennen wird dadurch erschwert, dass zumindest die westlichen Netzunternehmen, die von der Europäischen Union objektiver GAFA (Google, Apple, Facebook, Amazon) genannt werden, von Leuten initiiert und getragen werden, deren «Intentionen» nicht die der «Bösen» sind, sondern sich gerade Silicon Valley zum grossen Ärger der Konservativen in den USA, gerne als sehr progressiv, divers, fortschrittlich, modern, offen und «cool» operieren. «Nimm die Wörter Deiner Feinde und besetze sie» oder «wovon man nicht sprechen will, davon muss man schwafeln» sind die Leitmotive. Wenn sich also die digitalen Welten clean, fortschrittlich, lösungsorientiert, nutzerinnenfreundlich, harmonisch, qualitativ, ja sogar ökologisch inszenieren, bleibt alle strukturelle Ungleichheit und Gewalt verborgen – auch und gerade in den westlichen Demokratien. Denn die Wahrheit ist: Silicon Valley erzählt immer noch die bessere Story und die Volksrepublik China macht vor, wie einfach es ist, jahrtausendealte Narrative wie «Harmonie» mit übermächtiger und staatsmonopolistischer Technik zu kombinieren.

Es ist höchste Zeit, dieses algorithmische Storytelling zu durchbrechen, das sich vor allem gegen Menschen mit Menstruationshintergrund richtet. Die Digitalisierung ist eine Realität, die mehr und mehr für alles Leben, das heisst für Geburt, Tod, Leben, Körper und Gewalt steht. Die Auswirkungen zeigen sich überall jetzt schon: Frauen sind in den digitalen Revolutionen mehr denn je ausgegrenzt, werden im Stich gelassen, sind übelsten sexuellen rhetorischen und realen Übergriffen ausgesetzt, werden verletzt, totgeschrien und opfern sich in der globalen Konkurrenz zu allem Übel meist noch gegenseitig, denn letztlich sind «auch Frauen für andere Frauen das ‹andere›, das heisst das zu gestaltende Geschlecht».

Rechnet man die globale Elite, die in den Genuss solch machtvoller Positionen der Zukunft kommt, mit der Weltbevölkerung hoch, so ergibt sich in punkto Geschlechtergleichheit und Diversität ein erschreckendes Bild, das wir aus der europäischen Geschichte nur noch aus klassischen Sklavengesellschaften, totalitären Systemen und aus dem Zeitalter des Feudalismus kennen. Diese düstere Entwicklung war zu Beginn noch völlig anders. Programmieren war ursprünglich eine urweibliche Tätigkeit, das Web-Handwerk der Unterdrückten, die Netzwerke ehemaliger Sklaven und Sklavinnen, wie dies die IT-Pionierin Sadie Plant spannend in ihrem 1998 veröffentlichten Buch «Zeros and Ones, Digital Women and the New Technoculture»[4] beschreibt. Doch die frohe Botschaft, dass nicht mehr die Schrift, sondern endlich das Zusammenlaufen unterschiedlichster Fäden, die Gleichwertigkeit weiblicher und öffentlicher Sphären zur Befreiung der Geschlechter online führen wird, hat leider in ihr Gegenteil verkehrt.

Digitalisierung hat im Wesentlichen drei Aspekte: Einen technischen, der sich innerhalb einer kleinen Gruppe, einer «Inselwelt der Künstlichen Intelligenz-Stämme» mit «Stammeshäuptlingen» (Amy Webb) in den USA und China abspielt, einen philosophischen, der mit der sogenannten Suchmaschinenoptimierung SEO die «Sichtbarkeit der Wirklichkeit» unerkenntlich macht, und einen politischen, der dazu führt, dass die technologischen Innovationen als Quellen der Macht ausschliessliche Priorität den Schöpfern, sprich den Programmierern, über Werte, Ideale und Anschauungen einräumen (Caroline Criado Perez).

Für Frauen bedeutet dies, dass Prozesse im Gange sind, die nicht nur die Wirklichkeit im grossen Stil manipulieren, sondern schon längst Algorithmen und Horden von Bots[5] am Werke sind, die das Internet zu einem sehr männlichen, Frauen ausschliessenden und frauenarmen öffentlichen Vernetzungsraum machen. Entgegen der häufig zitierten Medienlogik, dass Frauen auf dem Vormarsch seien, ist in der Wirklichkeit das Gegenteil der Fall, wie Caroline Criado Perez eindrücklich in ihrem Werk «Invisible Women» zeigt. «Most of recorded human history is one big data gap.» Dieses Datenloch ist überall: Frauen sind im digitalen Raum das inexistente Geschlecht. Zwar schaffte es die grosse Computer-Vordenkerin Ada Lovelace als Computersprache Ada, sogar vom US-amerikanischen Militär anerkannt zu werden. Doch 2020 äussern viele Nerds in Technoblogs, dass Ada Lovelace «völlig überschätzt» wäre und diese «Kontroverse», von Männern initiiert, zieht sich wie ein roter Faden durch die «on going»-Vernichtung des historischen weiblichen Vermächtnisses in der digitalen Transformation. ENIAC bspw. war der erste elektronische Universalrechner, im Auftrag der US-Army ab 1942 entwickelt und 1946 der Öffentlichkeit vorgestellt. ENIAC wurde von Frauen programmiert: Kay McNulty, Jean Bartik, Betty Holberton, Marlyn Wescoff, Frances Bilas und Ruth Teitelbaum. Diese waren indessen bei den Ehrungen, Partys und Gala-Dinners für ENIAC nicht eingeladen: Die Gentlemen blieben unter sich. Auch die erste Programmiererin Grace Hopper «Amazing Grace», erhielt die allergrössten Ehrungen posthum: 2016 endlich die «Presidential Medal of Freedom» und 2019 einen Asteroiden.

Während sich die digitalen Welten gerne clean, fortschrittlich, lösungsorientiert, nutzerinnenfreundlich, harmonisch, qualitativ, ja sogar ökologisch inszenieren, bleiben viele strukturellen Ungleichheiten verborgen.[6]

Die digitale Welt transformiert so Realität auf Null und Eins und verfügt über Leben, Wirklichkeit wie Sichtbar- und Unsichtbarkeit. Menschen, Dinge, Erzählungen, Wissenschaft gehorchen derselben Logik. Es spielt überhaupt keine Rolle, ob dies mit Absicht, aus Sexismus oder weissen Rassenüberlegenheitsideologien geschieht. Entscheidend ist, dass sich das Muster seit Jahrhunderten wiederholt und gegenwärtig mit aller Härte nicht nur gegen Frauen als Kategorie, sondern gegen alle demokratischen Errungenschaften und gegen alle Lebewesen (schauen Sie einmal, was mit den «Nutztieren» global unter der Herrschaft der Algorithmen und Daten schon jetzt passiert) zuschlägt.

Dies sind entscheidende Überlegungen zum Thema «Frauen und Politik» und leider viel zu wenig öffentlich bedachte. 50 Jahre nach der Einführung der Grundrechte für Frauen in der Schweiz sollten die existierenden Verfassungen, Rechtsstaatsprinzipien und Persönlichkeitsrechte dringend auch auf die Digitalisierung angewendet werden. Das ist eigentlich ganz einfach. Seit Jahren bin ich daran, eine Künstliche Intelligenz (KI) zwecks Demokratisierung der Digitalisierung zu entwickeln. Bedauerlicherweise fehlt es indessen sowohl der (national) politischen als auch der technischen, globalen Elite an Interesse, Wissen und Wollen einer Welt-Zukunft, die sich aus globalen digitalen Demokratien zusammensetzt. Bisher sind nur äusserst ärgerliche Propagandasprüche und Lippenbekenntnisse in allen politischen Lagern festzustellen. Die sogenannte «Frauenfrage» des letzten Jahrhunderts, die unsere Mütter, Grossmütter und Urgrossmütter geknechtet hat, steht auch im 21. Jahrhundert unter dem Joch der Techdiktatoren. Dies zeigen die Herausgeberinnen Isabel Rohner und Rebecca Beerheide in

«100 Jahre Frauenwahlrecht. Ziel erreicht! ... und weiter?» sehr eindrücklich.

Die Forderungen, in allen Gremien Diversität, das heisst die sozioökonomisch, geschlechts- und migrationsbezogen, religiös und punkto sexueller Orientierung unterschiedlichen Menschen, zu fördern (Paritätsgesetze), sollten schon längst selbstverständlich sein. Dies hat nichts mit «Genderideologie», wie dies die Gegner der politischen Partizipation für alle gerne skandieren, sondern schlicht und einfach mit der modernen Demokratie zu tun. Alle digitalen Techniken müssen wie die öffentliche Politik den garantierten Freiheits- und Grundrechten der schweizerischen Bundesverfassung unterliegen. Dies bedeutet konkret, dass es «No Data without Representation» (Regula Stämpfli), das heisst keine «Datennutzung ohne politische Repräsentation» gibt. Daten dürfen weder gekauft, gehandelt noch verwendet werden, schon gar nicht ohne politische und demokratische Legitimation. Dies bedeutet, dass wir in unseren Demokratien kompatible Personendatensätze haben, die KEINEM STAAT, KEINEM UNTERNEHMEN UND KEINEM KONZERN gehören dürfen. Die «personenbezogenen Daten» dürfen nicht verkauft werden, und wir alle sind im Rahmen unserer existierenden Demokratien dazu berechtigt, darüber zu befinden, wie wir die Daten für maschinelles Lernen einsetzen wollen. Alle Künstliche Intelligenz setzt sich nämlich aus Schulungsdaten zusammen, die aus der Wirklichkeit stammen, sogenannte «reale Daten» sind. Diese dürfen nicht von Vorurteilen und Klischees durch die Codierer bestimmt werden (algorithmischer Bias), sondern müssen die reale Welt der Demokratie, Diversität, Gender und Gleichberechtigung abbilden. Wer meint, dies sei nicht zu bewerkstelligen, sei daran erinnert, dass es schon unzählige globale Gemeinschaftsprojekte gibt, die divers, demokratisch und vor allem dem Prinzip «open source» gehorchen. Der einfachste Slogan hierzu lautet: «Öffentliche Daten nützen, private Daten schützen». Auch folgende Überlegung gehört zur digitalen Demokratie: Alle Kosten, die durch die Digitalisierung verursacht werden, müssen endlich der Kostenwahrheit genügen. Die genialen Care-Ökonomie-Entwürfe von herausragenden Wissenschaftlerinnen wie Mascha Madörin und Zita Küng bieten gute Modelle, um die digitale Wirtschaft demokratiegerecht zu berechnen.[7] Dies führt uns zu einer neuen Logik der Wertschöpfung:

Künftig muss Arbeit mit Menschen und Lebewesen höher (oder zumindest gleichwertig) bezahlt werden wie Arbeit mit Daten. Denn das Argument, dass Roboter und intelligente Computerprogramme Milliarden Arbeitsplätze weltweit vernichten werden, ist Ideologie insofern, als dass stupide Arbeiten rationalisiert, die Arbeit als solche den Menschen aber nie ausgehen wird. Gerade der Umbau auf ökologische Landwirtschaft oder auch erziehende Tätigkeiten beispielsweise bleiben arbeitsintensiv.

Last but not least für alle Schweizernde, denen das Portemonnaie oft näher liegt als die Demokratie: Mit der Einführung einer Finanztransaktionssteuer wie einer Digitaltransfersteuer ist die Finanzierung für alle Zukunft gesichert. Vor allem auch dann, wenn die Internalisierung der externen Kosten, die die Digitalwirtschaft in der Umwelt verursacht, durchgesetzt wird, womit wir einen entscheidenden politischen Programmpunkt für die Rettung von Umwelt und Klima geleistet haben. Und wenn jetzt noch jemand nach sozialer Absicherung ruft, dann sei auf Konzepte des bedingungslosen Grundeinkommens verwiesen. Denn eines ist klar: Digitale, demokratische Partizipation heisst, allen gegenwärtigen und künftigen Generationen Freiheiten zu garantieren und Gestaltungsräume einzurichten, die der Zeit Zeit, den Zeichen Schranken und der Politik Demokratie ermöglichen.

1 Leah Rose Chernikoff: *The Chanel Runway Was Also A Feminist Rally.* Erschienen auf www.elle.com

2 Regula Stämpfli: *Trumpism: ein Phänomen verändert die Welt.* Basel 2018.

3 Zur Unsichtbarkeit von Frauen siehe Trumpism von Regula Stämpfli; Shoshana Zuboff: *The Age of Surveillance Capitalism.* New York 2017. Caroline Criado Perez: *Invisible Women.* London 2019; Amy Webb: *Die grossen Neun.* Kulmbach 2019.

4 Sadie Plant: *Zeros and Ones, Digital Women and the New Technoculture*, London 1998

5 Unter einem Bot versteht man ein Computerprogramm, das weitgehend automatisch sich wiederholende Aufgaben abarbeitet, ohne dabei auf eine Interaktion mit einem/einer menschlichen Benutzer/in angewiesen zu sein.

6 Siehe dazu auch TED x Regula Stämpfli «Why Winnie the Pooh is Right and Google is Wrong» 2013; Ben Mezrich: *Die Gründung von Facebook.* München 2011, Jonathan Taplin: *Move Fast and Break Things (How Facebook, Google and Amazon Cornered Culture and Undermined Democracy).* London 2017; Cathy O'Neil: *Angriff der Algorithmen.* Berlin 2017; Emily Chang: *Brotopia.* New York 2018; Angela Nagle: *Kill All Normies.* Alresford 2017.

7 Zita Küng bietet Equality-Consulting seit 2008. Vgl. auch ihr Buch *Gender Mainstreaming. Gleichstellungsmanagement als Erfolgsfaktor – das Praxisbuch* (zus. mit Doris Doblhofer).

«Mit dem Netzwerk ‹idée femme› haben wir uns das Ziel gesetzt, im Schweizer Radio und Fernsehen das gesellschaftliche Verhältnis von Männern und Frauen abzubilden, also 50:50.»

Nathalie Wappler Hagen, geboren 1968 in St. Gallen, ist seit März 2019 die Chefin vom Schweizer Radio und Fernsehen SRF und damit die Vorgesetzte von 2295 Beschäftigten. Davor war die studierte Historikerin als Redaktorin bei 3sat («Kulturzeit»), bei ARD/WDR («Joachim Gauck») und ZDF («aspekte», «Maybrit Illner») und ab 2005 bei SRF («Kulturplatz») tätig. 2008 wurde Nathalie Wappler Redaktionsleiterin der «Sternstunden» und übernahm ab 2011 die Abteilungsleitung Kultur. Von 2016 bis 2018 leitete sie die Programmdirektion des Mitteldeutschen Rundfunks MDR.

Bei Führung geht es mehr um Menschen als um Macht

Nathalie Wappler, Direktorin Schweizer Radio und Fernsehen, im Gespräch mit Isabel Rohner und Irène Schäppi

Wir treffen Nathalie Wappler in ihrem Büro im 11. Stock der SRF-Zentrale in Leutschenbach. Trotz der im März 2020 herrschenden Covid-19-Ausnahmesituation vermittelt die Direktorin des Schweizer Radio und Fernsehen SRF einen entspannten und herzlichen Eindruck. Auch ohne Händeschütteln bei der Begrüssung.

Nathalie Wappler, was bedeutet Ihnen das Jubiläum «50 Jahre Frauenstimmrecht»?

50 ist eine gute Zahl. Ein wichtiger Etappensieg auf halbem Weg! Persönlich habe ich das Wahlrecht wahrgenommen, sobald ich konnte. Ich fand es immer wichtig, sich in den gesellschaftlichen Diskurs einzubringen.

Sind Sie beim SRF schon in der Planung für das Jubiläum?

Das Thema ist natürlich auf unserer Agenda. Ich weiss von vielen Kolleginnen – aber auch von Kollegen! – im Radio und im Fernsehen, dass sie an diesem Thema dran sind.

Beim SRF arbeiten Sie seit einiger Zeit an der Verwirklichung der «idée femme» – ein Projekt, das in der Konzernlandschaft in der Schweiz einzigartig ist. Worum geht es da?

«Idée femme» wurde 2019 als das Netzwerk für SRG-Mitarbeiterinnen lanciert. Angestossen von der ehemaligen SRG-Vizedirektorin Ladina Heimgartner[1] wird es von Kaderfrauen gesteuert: Neben mir sind das Lis Borner, Chefredaktorin Radio, Andrea Hemmi, SRF-Kommunikationschefin, Larissa Bieler, Direktorin Swissinfo, Tamara Deflorin, Kommunikationschefin RTR, Martina Vieli, Leiterin Public Affairs SRG, Philippa de Roten, Chefin Kultur und Gesellschaft RTS, sowie Milena Folletti, Programmdirektorin RSI. Als Erstes haben wir eine Umfrage zur Arbeitssituation im Konzern gemacht. Wir wollten wissen, wie es den Frauen geht, was ihre Themen sind, wo sie Handlungsbedarf sehen. Wir haben daraufhin einen ersten Netzwerkanlass gemacht, an dem 130 Frauen teilgenommen haben.

Was waren weitere Resultate dieses ersten Treffens?

Es sind sehr viele Ideen ausgesprochen und entwickelt worden, darunter auch sehr niederschwellige Ideen, die sich leicht und unmittelbar umsetzen liessen. Wir haben beschlossen, eine «50:50»-Initiative zu starten und uns in den jeweiligen Redaktionen anzuschauen, wie, wann und wie oft Frauen im Programm vorkommen. Kommen genauso viele Expertinnen und Experten vor? Wenn Frauen vorkommen: Tun sie das nur bei «weichen» Themen – oder haben sie eine genauso grosse Bandbreite wie die Männer? Wir haben dabei klar gemacht, dass es hierbei nicht darum geht, eine genaue Strichliste zu machen. Wir nehmen uns das ganz einfach selber vor, weil es uns alle interessiert.

Und das funktioniert?

Es hat mich selber überrascht, wie viele Redaktionen von sich aus mitmachen. Aktuell sind es 40 Teams. Wir mussten niemanden dazu zwingen. Ganz im Gegenteil: Es gab viele männliche Kollegen, die gesagt haben: Wir müssen das auch wissen! 50:50 heisst ja schliesslich auch 50 Prozent sicher für die Männer.

Auch das dänische Fernsehen hat vor ein paar Jahren untersucht, welche Rolle Frauen bei ihnen spielen: in den Führungspositionen innerhalb des Konzerns, aber auch als Produzentinnen und Berichterstatterinnen, als Gegenstand von Berichterstattungen und auch als erzählte Personen in Fiction. Das Ergebnis lässt sich als ein grosses «Upps!» zusammenfassen: Frauen kamen auf allen Aktionsebenen des Fernsehens weit weniger vor als Männer. Darauf haben die Dänen reagiert, unter anderem mit der hervorragenden Serie «Borgen».

Diese Prozesse machen gerade viele Medienanstalten durch. Vor zwei Jahren hat das Institut für Medienforschung der Universität Rostock eine solche Analyse auch für das deutsche Fernsehen durchgeführt. Das Ergebnis war alarmierend: In deutschen Fernsehserien sind zum Beispiel 62 Prozent der Hauptakteure Männer. Bei Informationsprogrammen sind es gar 68 Prozent und wenn Experten zu Wort kommen, dann sind es in 79 Prozent der Fälle Männer. Im Kinderfernsehen kommen noch weniger weibliche Figuren vor als im Rest des Programms. Dabei brauchen Mädchen und Frauen sichtbare Vorbilder! Gerade als Medienproduzenten ist es darum wichtig, auch die Geschlechterverhältnisse bewusst in den Blick zu nehmen. Bei uns reflektieren alle teilnehmenden Teams nach jeder Sendung: Wie kamen Frauen und Männer vor und in welchen Rollen? Also konkret: Wurden Frauen zum Beispiel nur im Kontext von Gebäudereinigung befragt oder kamen sie auch als Unternehmerinnen oder Finanzexpertinnen vor?

Als SRF berichten Sie über Wirklichkeit, analysieren die Wirklichkeit – aber Sie schaffen auch Wirklichkeit. Sind denn schon Verbesserungen spürbar?

Oh ja, und zwar ganz konkret! Wir haben unsere Mischung an Männern und Frauen in allen Formaten deutlich verbessert. Dass wir im neuen «Tatort» mit Anna Pieri Zuercher und Carol Schuler zwei Protagonistinnen haben, haben wir dabei nicht gross kommentiert. Es sollte einfach normal sein. Wir setzen aber in allen Formaten auch weiterhin auf tolle und kompetente Männer. Es wäre auch falsch, alles mit Frauen zu besetzen. Es muss passen. Wir haben Barbara Lüthi («Club»), Bigna Silberschmidt («Schweiz aktuell»), Angélique Beldner-Wälchli («1 gegen 100»), aber unseren neuen Talk wird Urs Gredig («Gredig direkt») übernehmen. Die Gesamtmischung macht es aus. Ich bin überzeugt, dass das bei uns so gut funktioniert, weil unsere Teams von sich aus bereit waren, mitzumachen, sie sind intrinsisch motiviert. Das ist die Voraussetzung für wirklich erfolgreiche und nachhaltige Veränderung.

Vor Kurzem lief eine Doku über drei Frauen in Chefetagen. Hängt das mit «idée femme» zusammen?

Ja und nein. Mit «idée femme» haben wir ein Bewusstsein geschaffen und das Thema institutionalisiert. Das gibt auch einen Ansporn, den Fokus stärker auf Frauen zu setzen und Frauen zu fördern. Generell gilt: Je mehr Frauen in bestimmten Positionen sind – als Filmemacherinnen oder auch in Entscheidungspositionen – je selbstverständlicher kommen Frauen auch medial in allen Situationen vor: als Role Models, aber auch, wenn etwas schiefgeht. Es geht ja nicht darum, Frauen zu glorifizieren.

Gesamtschweizerisch sind lediglich 20 Prozent der Topführungsposten mit Frauen besetzt.[2] Nicht nur im Vergleich mit den Nachbarländern ist das erschreckend wenig. Wie ist der aktuelle Stand beim SRF?

Bis vor Kurzem hatten wir insgesamt 34 Prozent. Dann haben wir das Technische Produktionszentrum tpc in unseren Konzern integriert, einen Bereich mit einem traditionell niedrigeren Frauenanteil in den Führungsbereichen. Dadurch ist der Frauenanteil auf aktuell 29 Prozent gesunken. Wir haben uns eine Frauenquote von 30 Prozent gesetzt.

Dann können Sie sich ja zurücklehnen und sagen: Eigentlich sind wir schon am Ziel und müssen nichts mehr tun – und können alle frei werdenden Führungsposten wieder mit Männern besetzen. Die Männerquote liegt ja bei 70 Prozent.

Wir müssen ja mal irgendwo anfangen (schmunzelt). Mit dem Netzwerk «idée femme» haben wir uns das Ziel gesetzt, im Schweizer Radio und Fernsehen das gesellschaftliche Verhältnis von Männern und Frauen abzubilden, also 50:50.

Welche Erfahrungen haben Sie persönlich als Frau in einer Führungsposition gemacht?

Ich habe früh damit begonnen, immer offen zu thematisieren, wenn ich als Frau die Einzige in einem bestimmten Kontext war.

Was bedeutet das?

Am Beginn der Sitzung habe ich jeweils darauf hingewiesen: «Meine Herren, wie Sie sehen, bin ich heute die einzige Frau im Raum. Sollten Sie den Drang verspüren, irgendwelche Witzchen darüber zu machen, lassen Sie es sein.» Das trage ich mit einem gewissen Charme und Humor vor, so dass alle Anwesenden lachen – und sich dann an das Gebot halten. Klappt gut.

Funktioniert das vielleicht darum, weil Sie die Chefin sind?

Offen gesagt, habe ich das auch schon gemacht, als ich noch Redaktorin war. Das hat mit der Funktion nichts zu tun. Aber zugegeben: Sobald mehrere Frauen an einer Runde teilnehmen, wird es einfacher. Ich habe die Erfahrung gemacht, dass manchmal ein Blick zwischen völlig unbekannten Frauen ausreicht: «Das Mansplaining, stellst du das ab oder soll ich?»

Wann haben Sie gemerkt: Führen ist mein Ding?

So explizit habe ich das nie empfunden. Ich habe immer gerne organisiert, als Redaktorin zum Beispiel ganze Sendungen. Und ich hatte immer gerne mit unterschiedlichen Menschen zu tun. Ich glaube, das ist eine wichtige Eigenschaft: Wenn man eine Führungsposition anstrebt, muss man gerne mit Menschen arbeiten, muss gerne kommunizieren. Man muss bereit sein, jeden Tag dazuzulernen. Führungspositionen haben viel mehr mit Menschen als mit Macht zu tun. Deswegen versuche ich auch, die richtigen Menschen an die richtigen Stellen bzw. Positionen zu bringen oder innovativ zu platzieren. Vielen Frauen ist das noch zu wenig bewusst, dass es gar nicht so sehr um Macht oder Status geht, sondern darum, Leute zu motivieren, sich zu überlegen: Wie kann die Arbeit gut stattfinden? Was fehlt? Man hat immer mit knappen Ressourcen zu tun, darum braucht es eine hohe Problemlösekompetenz. Das kann manchmal genauso kreativ sein, wie einen Kulturbeitrag zu produzieren.

Das ist ein sehr schönes Plädoyer für mehr Frauen in Führungspositionen! Viele Mädchen und junge Frauen geben ja als Berufsziel «irgendetwas mit Menschen» an. Die meisten stellen sich aber nicht die Frage, was sie mit diesen Menschen tun wollen: Wollen sie sie pflegen? Wollen sie sie beraten? Wollen sie sie anleiten? Dahinter verbergen sich ganz unterschiedliche Berufsbilder und -möglichkeiten.

Natürlich müssen Sie in einer Führungsposition auch einiges aushalten. Sie brauchen Durchhaltewillen – und ein gutes Mass an Ausgeglichenheit. Mit den Jahren helfen auch die Erfahrungen, die man gemacht hat. Heute weiss ich: Ich halte auch mal eine schlaflose Nacht aus. Das ist nicht schlimm und gehört manchmal auch dazu. Und ich spiele leidenschaftlich gern Klavier – insbesondere Bach kann helfen, das ist wie Meditieren (lacht).

Das Bild von Führung, das Sie uns hier skizzieren, ist sehr modern: Die führende Person ist eher ein Coach und nicht so sehr jemand, der von oben «Basta!» ruft.

Das Führungsmanagement aus den 1990ern ist vorbei. Das gilt für Männer und für Frauen. Ich verstehe mich sehr viel stärker als «Enabler»: Ich will meine Leute dazu befähigen, eine möglichst gute Arbeit zu machen. Die Überforderung ist heutzutage an allen Ecken und Enden gross: sei es durch die Doppelbelastung, die Digitalisierung, die Umwelt, und so weiter. Alles ist miteinander vernetzt. Ich glaube, dass das für Frauen ein Vorteil sein kann, weil sie ihr Leben schon immer vernetzter organisieren mussten. Ein schönes Beispiel ist mir erst kürzlich passiert: Für die Heimfahrt von einer Veranstaltung haben wir eine Fahrgemeinschaft gebildet, wir wohnten alle im gleichen Quartier. Gefahren ist eine Frau – und ihre Frage war nicht: «Was ist der kürzeste Weg?», sondern: «Wer muss morgen am frühesten raus und hat den anspruchsvollsten Job?»

In den Medien wird gern betont, dass sie sehr leise sprechen.

Wenn man leise spricht, muss der andere besser zuhören (lacht). Im Ernst: Ich habe Lautstärke noch nie für eine Stärke gehalten. Bei mir heisst es oft: Sie ist so leise, sie muss nett sein – warum aber fällt sie dann trotzdem harte Entscheidungen? Ich glaube, bei Männern würde man nie so ein Spannungsfeld aufmachen. Frauen hingegen werden immer schnell mit Äusserlichkeiten konfrontiert. Inzwischen glaube ich, dass das auch eine Chance ist: Dadurch dass ich zum Beispiel keine hohen Schuhe trage, sondern meistens in Turnschuhen ins Büro komme, erweitere ich das herrschende Frauenbild. Eine Kollegin sagte mir erst kürzlich: «Seit du das machst, traue ich mich das auch.» Ich vermittle: Du kannst genauso eine Chefin sein und trotzdem mit dem Velo oder der Tram zur Arbeit kommen.

Gleichzeitig wurden Sie auch schon als «Fallbeil vom Leutschenbach» bezeichnet. Was löst das bei Ihnen aus?

Schwierige Entscheidungen zu treffen, gehört zu einer Führungsposition. Ein Mann gilt dann als durchsetzungsfähig, konsequent – bei Frauen hingegen heisst es schnell, dass sie brutal, kalt oder zu ehrgeizig sind. Als ich die Bezeichnung gelesen habe, hat es mich getroffen. Zumal der Text auch noch von einer Frau stammte, die die Mechanismen eigentlich kennen müsste. Ein Mann in derselben Position wäre mit Sicherheit nicht so bezeichnet worden.

In unserem Buch ist auch die Unternehmerin Bea Knecht mit einem Beitrag dabei. Sie vertritt die These, dass Frauen, um erfolgreich zu sein, in einem ersten Schritt die männlich geprägte Arbeitskultur kennenlernen und mitspielen müssen, um sie irgendwann einmal zu verändern.

Das sehe ich inzwischen anders. Man muss heute nicht mehr mitspielen. Man muss die Muster erkennen und die Spielchen benennen.

Eine zweite These von Bea Knecht ist, dass Frauen lernen müssen, nicht immer geliebt zu werden.

Ja, da ist etwas dran. Frauen holen sich schneller Feedback ein. Das mache ich selbst auch so. Ich frage: War das O.K.? Was kann ich besser machen? Ich finde das gut, dadurch verbessere ich mich. Gleichzeitig ist es richtig: Wer harte Entscheidungen treffen muss, wird dafür nicht geliebt.

Sie haben lange in Deutschland gearbeitet, hatten beim MDR die Programmverantwortung. Nehmen Sie zwischen Deutschland und der Schweiz Unterschiede wahr bei Frauen in Führungspositionen? Ist Deutschland weiter?

Ich weiss nicht, ob Deutschland weiter ist. Aber Ostdeutschland ist es auf jeden Fall. Das liegt an der DDR-Vergangenheit. Damals waren Frauen und Männer im beruflichen Kontext ganz selbstverständlich gleichberechtigt. Das ist auch heute noch spürbar. In meiner Zeit in Ostdeutschland fand ich sogar, dass man das auch auf der Strasse gesehen hat: Paare traten viel gleichberechtigter auf.

Was machen Sie konkret, um mehr Frauen für Führungspositionen zu gewinnen?

Wir schreiben keine Stellen mehr zu 100 Prozent aus, wir schreiben jetzt immer «80 bis 100 Prozent». Wir haben von vielen Frauen die Rückmeldung bekommen, dass sie bei einer 100 Prozent-Stelle oft denken, dass sie das vielleicht nicht schaffen – obwohl sie die Aufgabe interessieren würde. Bevor sie sich deswegen nicht bewerben oder wir nicht zumindest persönlich darüber sprechen können, haben wir als Konzern beschlossen, das zu ändern. Wir können es uns nicht leisten, dass uns Talente wegen Formulierungen in der Stellenausschreibung verloren gehen.

Studien haben herausgefunden, dass Frauen bei der Interpretation von Stellenausschreibungen viel kritischer sind als Männer. Frauen bewerben sich erst, wenn sie mindestens acht von zehn geforderten Punkten erfüllen – Männer bereits bei vier von zehn.

Darum müssen wir bei Stellenausschreibungen Formulierungen vermeiden, die für Frauen «No-Gos» sind. Und noch etwas ist wichtig, wenn wir mehr Frauen in Führungspositionen haben wollen: Sie bestärken, ihnen «Back-up» geben. Ihnen sagen: Du kannst das. Frauen haben die Tendenz, skeptischer zu sein als Männer.

Gleichzeitig haben viele Frauen Angst, als «Quotenfrauen» zu gelten.

In meiner Karriere habe ich sehr oft Situationen des «Patronizing» erlebt, wo Bewerber, die mir unterlegen sind, gesagt haben: «Sie wollten halt eine Frau und jetzt haben sie halt die da genommen.» Ein Mitbewerber hat einmal zu mir gesagt: «Jo weisch, bisch e Gueti, aber ich hätti das scho chönne mache – grad jetzt i dere schwirige Phase, und du hetsch vo mir no chönne lerne, und ich hätti dir das denn übergeh ...» Und das kommt sehr häufig vor. Immer noch.

Wie reagieren Sie darauf?

Sehr dezidiert. Gewisse Dinge erledigen sich dann von selbst (lacht).

Haben Sie eigentlich ein persönliches Role Model?

Ja, das habe ich: Elisabeth Selbert[3]. Sie war Juristin und eine der vier Mütter des deutschen Grundgesetzes. Sie hat den Artikel 3 in der deutschen Verfassung erkämpft: «Männer und Frauen sind gleichberechtigt».

Wenn das kein schöner Bogen zum Wahlrecht ist!

1 Ladina Heimgartner war bis Ende 2019 Direktorin von Radiotelevisiun Svizra Rumantscha (RTR) und stellv. Generaldirektorin der SRG. 2020 wechselte sie zum Medienunternehmen Ringier.

2 Vgl. Unternehmensbarometer 2019: Frauen in Führungspositionen. www.ey.com/Publication/vwLUAssets/ey-frauen-im-top-management-in-der-schweizer-wirtschaft-april-2019/$FILE/ey-frauen-im-top-management-in-der-schweizer-wirtschaft-april-2019.pdf

3 Elisabeth Selbert (1896–1986), deutsche Juristin.

«Die ersten Jahre in der ‹Tagesschau› wurde ich vor allem über meine Haarfarbe, meine Kleidung und meine Familienplanung definiert. Nie über mein Können.»

Katja Stauber, geboren 1962, wuchs die ersten sieben Jahre in Deutschland und später Südwestafrika auf, bevor sie mit ihrer Mutter und deren neuem Mann (einem Schweizer) in die Schweiz umzog. Nach der Matura studierte sie Rechtswissenschaften an der Uni Zürich. 1984 startete ihre Karriere als Moderatorin und Journalistin. Seit 1992 arbeitet Katja Stauber bei der «Tagesschau»: Nach fast 30 Jahren vor der Kamera, ist sie 2020 als Produzentin hinter die Kamera gewechselt.

30 Jahre Medienalltag – und sie bewegt sich doch!

Katja Stauber, Journalistin und Produzentin

«S Beeri vom Lokalradio», das war 1992 noch eine der nettesten Bezeichnungen, die ich mir – natürlich hinter meinem Rücken – anhören musste, als ich in der Redaktion der «Tagesschau» bei SRF angefangen habe. Möglicherweise ist die neue Blondine ja auch mit einem der Chefs sehr gut «befreundet», munkelten einige Männer und machten keinen Hehl daraus, was sie wirklich mit «gut befreundet» meinten.

Dabei hatte ich – im Gegensatz zu männlichen Kollegen in meinem Alter – schon einen ansehnlichen CV vorzuweisen: Auf dem zweiten Bildungsweg meine eidgenössische Matura gemacht, einen Bachelor in Jus, journalistische Erfahrungen gesammelt bei «Radio 24», «Blick», «European Business Channel» und als freie Journalistin. Ich hatte also Radio-, Fernseh- und Print-Erfahrung.

Ernst genommen wurde ich mit meinen 30 Jahren dennoch nicht. Ich war den meisten zu blond, zu kühl, zu sachlich, zu pragmatisch, zu modisch – oder vielleicht auch einfach zu viel, vielleicht auch zu viel Frau. Nicht weil ich besonders expressiv war, sondern weil ich wusste, was ich wollte und vor allem: nicht wollte. Dass ich meine Meinung sagte. Das war vielen Männern wohl etwas suspekt. Ich war nie eine Frau, die einfach in der Ecke steht und zuschaut. Ich möchte mitten hinein und aktiv bei einer Sache sein.

28 Jahre sind seither vergangen, und es hat sich – im Journalismus zumindest – viel getan. Wir haben viele intelligente, gut ausgebildete und ja: auch attraktive Journalistinnen. Meine jüngeren Kolleginnen arbeiten mit einem gesunden Selbstverständnis, setzen sich durch, sind auch mal streitlustig und sagen ihre Meinung. Nein, nicht alle, aber das machen auch nicht alle Männer. Rund 100 Frauen arbeiten heute im Newsroom bei SRF, das sind die Sendungen «Tagesschau», «Schweiz Aktuell» und «10vor10». 45 davon sind Mütter, und sie haben zusammen etwa 75 Kinder unter 20 Jahren.[1]

Das ist beachtlich, denn: 1994, als ich mit meinem ersten Sohn schwanger wurde, war ich – die Einzige. Vor 26 Jahren war eine 100

Prozent arbeitende Frau mit dickem Bauch höchst suspekt und erst recht, wenn sie sich dann auch noch mit Selbstverständlichkeit vor eine Kamera stellte und den Schweizerinnen und Schweizern das Weltgeschehen erklärte.

Ich war also die erste hochschwangere Moderatorin, die die Schweizer im TV zu sehen bekamen. Primetime. Mir war das damals gar nicht bewusst.

Ich erhielt Briefe – natürlich anonym – die mich scharf verurteilten: «Müssen Sie jetzt auch noch Kinder kriegen? Kriegen Sie den Hals nicht voll? Sie tun doch schon wichtig am Bildschirm. Haben Sie keinen anständigen Mann gefunden, der Ihr Leben finanziert? Immer diese Weiber, die alles wollen, Kinder und Karriere.»

Es gab im Radio und in der Zeitung Abstimmungen darüber, ob ich nicht aufhören müsste in der «Tagesschau» – jetzt, wo ich ja Mutter werde – und schliesslich «anderes zu tun hätte». Mein damaliger Chef fand missbilligend, ich sähe langsam aus wie ein «Mammut» (ich war im neunten Monat). Damit wollte er mir sagen, dass ich nicht mehr bildschirmtauglich sei. Ich überhörte das, auch wenn es wehtat und mich gleichzeitig wütend machte. Schliesslich ging es auch um mein Einkommen, meinen Lebensunterhalt. Schliesslich musste ich mein Leben lang mein Geld verdienen mit Arbeiten, wie ein Mann auch. Aber das war in den 1990er-Jahren. Diese simple Erkenntnis war damals noch längst nicht in die Gesellschaft eingesickert: Frauen müssen – und wollen – für ihr Geld arbeiten. So wie ein Mann eben auch. Das war bei meiner Grossmutter und meiner Mutter nicht anders, beide haben ein Berufsleben lang gearbeitet. Meine Grossmutter leitete die Wäscherei in der deutschen Schule in Namibia, meine Mutter war Assistentin – unter anderem der Geschäftsleitung eines internationalen Grosskonzerns – und leitete später eine Galerie. In der Funktion als Assistentin musste sie Anfang der 1970er-Jahre noch in Rock und Strümpfen und High Heels zur Arbeit, auch bei Minusgraden. Hosen waren nicht erlaubt.

Fakt ist: Die ersten Jahre in der «Tagesschau» wurde ich vor allem über meine Haarfarbe, meine Kleidung und meine Familienplanung definiert. Nie über mein Können.

Wie sehr Fernsehmoderatorinnen auch international über ihr Äusseres definiert werden, zeigt ein eindrückliches Beispiel aus Australien: Da war ein TV-Moderator genervt, weil seine Co-Moderatorin ständig angepöbelt wurde, wegen ihrer Kleidung, ihres Lippenstifts oder ihrer Frisur. Kurzerhand beschloss er, ein ganzes Jahr lang denselben Anzug in der Sendung zu tragen. Ein ganzes Jahr. Er bekam keine einzige Zuschrift. Niemand hatte es gemerkt.

Ich erhielt schon Briefe zu meinen Jacken («Haben Sie keine Stylingberatung?»), zu meinen Hosen («... knackig, wenn man Sie so von hinten im Studio sieht»), meiner am Bildschirm markenmässig nicht zu definierenden Uhr («Sie machen Schleichwerbung»), meinen lackierten Fingernägeln («Sie haben offenbar Zeit für sowas»), meinem Scheitel – richtig gelesen! («Ihr Scheitel war gestern links, wieso ist er heute rechts? Sind Sie auch so eine Fahne im Wind, wie der ganze SRF-Laden?») Die Liste liesse sich schier endlos verlängern.

Immerhin: es gibt grosse Unterschiede, international, bei den TV-Stationen, was Moderatorinnen angeht. Sind die Frauen bei den amerikanischen Sendern wie etwa CNN meistens langhaarig, meist blond und jung oder auf jung getrimmt, gibts bei vielen europäischen Sendern wie BBC oder ZDF alles: Jünger und älter, kurz- und langhaarig, dick und dünn, schwarz und weiss. Halt so unterschiedlich wie Frauen – genauso wie Männer – eben sind. Menschen halt.

Aber nur sehr selten wird ein männlicher TV-Anchor über seine Glatze, sein Alter, seine Falten oder seine Mundwinkel definiert oder deshalb gar kritisiert.

Die Wahrnehmung ist immer noch weit verbreitet diese: Moderatoren vermitteln Nachrichten und Analyse. Moderatorinnen erst mal ein Bild.

Fakt ist: 75 Prozent aller Artikel in den Schweizer Medien handeln von Männern. Laut dem Global Media Monitoring Project aus dem Jahr 2016 sind es weltweit sogar 82 Prozent. Seitdem hat sich nicht viel verändert. Besonders selten sind Frauen in Berichten über Sport und Wirtschaft präsent.

Untersuchungen zeigen, dass die meisten Experten und Fachleute, die im Fernsehen zu Themen befragt werden, Männer sind. Inzwischen gibts bei uns in der Informationsabteilung eine Datenbank für Expertinnen. Wenn immer möglich, versuchen wir zu den Themen eine Frau zu finden, die erklärt und einordnet. Wir bei SRF führen – nach Vorbild der britischen BBC – Buch, um zu wissen, wie viele

Frauen präsent sind in unseren Beiträgen und Schaltungen. Das wird akribisch für jede Sendung festgehalten und immer wieder wird Bilanz gezogen.

Es braucht in den Redaktionen genauso viele Journalistinnen wie Journalisten (bei SRF in der Information sind es inzwischen fast 50 Prozent). Weil Frauen eine andere Perspektive in die Berichterstattung bringen und andere Frauen sichtbar machen. Wir reden hier ja von der Hälfte der Bevölkerung. Nicht von irgendeiner Randgruppe.

Manchmal – und das ist wichtig festzuhalten – stehen sich da aber auch die Frauen selber im Weg. Der Klassiker, den man als Journalistin, als Journalist oft hört: Fragt man eine Frau als Expertin für eine Talkrunde an, sagt sie: «Ach, ich weiss nicht, ich muss überlegen, drüber schlafen, das zuerst mit meinem Mann besprechen, ich bin nicht die Richtige, ich kann das nicht». Fragt man einen Mann an, sagt der: «Klar, ich komme. Zu welchem Thema?»

Das mag überspitzt klingen, trifft aber den Kern. Frauen trauen sich immer noch zu wenig zu. Sie hinterfragen sich unnötig oft, sie unterschätzen ihre Kompetenz ständig. Dabei gibt es sie: Die Frauen, die Grosses leisten, die Expertinnen, die uns die Welt erklären können. Mal gleich wie Männer, mal anders. Aber die Herren Experten sind sich ja auch nicht immer ganz einig.

Leider beurteilen und verurteilen sich Frauen auch immer noch viel zu oft gegenseitig. Manchmal sogar ziemlich giftig. Und lähmen sich damit. Männer getrauen sich solch oberflächliches Bekritteln zurzeit viel weniger, wohl auch aus Angst, im Zuge der ganzen #MeToo-Debatte in Verruf zu geraten.

Frauen können gnadenlos sein. In ihrem Urteil über andere Frauen. Ob es um das Äussere, die Kompetenz oder Geburt, Stillen und Mutterschaft geht – der Ton unter Frauen ist oft schrill und scharf. Die meisten Vorwürfe in der Zeit, als ich alleinerziehende Mutter zweier Buben war, kamen von Frauen, die es bestens verstanden, einem ganz subtil und perfide ein schlechtes Gewissen zu machen, weil man «ja beides will. Das kann ja nicht gutgehen, Kinder und Karriere».

Dabei könnten sich Frauen gegenseitig das Leben durchaus auch mal einfacher machen. Und zum Beispiel mal wie Buben und Männer streiten: Da fliegen zwar richtig die Fetzen. Aber dann ist wieder gut.

Vorbei. Geregelt. Mädchen – und auch später als Frauen – sticheln, lästern, gifteln, ignorieren und grenzen aus. Auf dem Pausenplatz oder im Sitzungszimmer. Die blutige Nase, die sich ein Junge bei einer Keilerei holt, verheilt schnell. Die seelischen Wunden, die sich Frauen beibringen, nur langsam, manchmal nie.

Und ich würde vielen Frauen gerne zurufen: Lasst es. Wir haben es nicht nötig. Wir müssen zusammenstehen, uns austauschen, uns fördern, uns helfen und uns gegenseitig verstehen. Wir sind sicher nicht alle «Sisters», die grosse «Schwesternschaft». Schliesslich dürfen auch Frauen Frauen auf die Nerven gehen. Aus Gründen. Wir müssen uns nicht alle liebhaben – aber wir sind zusammen stark und bunt und gescheit und haben viel erreicht. Und wir erreichen noch viel mehr, wenn wir alle zusammenstehen. Frauen – und Männer.

Beim SRF hat sich das Mann-Frau-Gefüge in den letzten Jahren enorm verschoben. Gab es vor zehn Jahren fast ausschliesslich Produzenten, sind es heute fast genauso viele Produzentinnen. Die «Tagesschau»-Chefin ist eine Frau. Eine Premiere in der «Tagesschau»-Geschichte! Ich wurde als neue Produzentin der Hauptausgabe der «Tagesschau», als erste Frau seit Jahren wieder, in diesem Team herzlich empfangen, trotzdem glaube ich, dass ich nach wie vor strenger beäugt wurde, als wenn es ein männlicher Kollege gewesen wäre. Inzwischen hat sich das gelegt. Sicher auch, weil ich fast 30 Jahre lang neben dem Produzenten die «Tagesschau» als Moderatorin mitgeprägt habe. Man wusste also, was man an mir hatte. Dass ich die Sendung zum Teil anders gestalte oder andere Themen gewichte, wird bei den meisten als erfrischend wahrgenommen. Und ja, es dürfen auch mal die britischen Royals vorkommen in «meinen» Sendungen. Schliesslich besteht das Weltgeschehen nicht nur aus Bundes- und Geopolitik. Ich möchte – auch als Zuschauerin – eine «Tagesschau» auf dem Sender sehen, die alle Facetten des Lebens zeigt, Politik, Gesellschaft, Kultur, Sport. Eine Mischung, in der für alle was dabei ist. Sonst schaut sie nämlich niemand mehr.

Eine Opferhaltung der Frauen bringt uns als Gesellschaft nicht weiter. Wenn Frauen Opfer sind, dann werden sie sehr oft dazu gemacht, weil sie Frauen sind; das stimmt. Aber es kann doch nicht sein, dass sich die Hälfte der Gesellschaft per definitionem als Opfer sieht. Erstens vernichtet das jedes Selbstbewusstsein und jede Selbstverständlichkeit. Und zweitens macht das die andere Hälfte der Gesellschaft zu Tätern. Beides stimmt nicht.

Ich gebe es offen zu: Die Genderdiskussionen gehen mir manchmal auch auf die Nerven. Brauchen wir wirklich Gendersternchen in der Sprache? Müssen wir jedes Mal die weibliche Form auch benutzen, wenn wir einen Artikel schreiben? Muss in jeder Anmoderation in der Tagesschau «Schweizerinnen und Schweizer, Lehrerinnen und Lehrer etc.» vorkommen? Die Überlegung dahinter leuchtet ja ein: Es gibt nicht nur männliche Schweizer, Lehrer, Tramchauffeure, Chirurgen. Und natürlich vermittelt das generische Maskulinum diesen Eindruck. Aber wir sind ja nicht doof. Wir wissen, dass es Lehrerinnen und so weiter gibt. Und: Es gibt Sprachen, die kaum ein generisches Maskulinum kennen oder gar keins. Und dennoch sind in diesen Sprachräumen Frauen nicht gleichgestellter als bei uns.

Ich finde andere Themen wichtiger. Ein anständiges Gesetz, dass Frauen bezüglich ihrer AHV- und BVG-Ansprüche, wenn sie Kinder erzogen und deshalb nur Teilzeit gearbeitet haben, besserstellt, wäre mir lieber. Frauen, die deshalb in der Altersarmut landen, können mit Grammatik-Gender-Diskussionen nichts anfangen – sie brauchen den finanziellen Ausgleich und damit auch die Anerkennung, dass sie nicht in der Sozialhilfe landen oder Ergänzungsleistungen beziehen müssen. Erst die feministisch gerechte Kohle, dann die feministische Linguistik-Kritik.

Wir Frauen haben in – vergleichsweise – kurzer Zeit viel erreicht. Der Feminismus hat viel erreicht. In den letzten 100 Jahren mehr als in den tausenden Jahren davor. Man stelle sich vor, dass es Jahrhunderte gab, in denen Frauen als das Eigentum des Mannes galten, ja sogar eine Seele zu haben, hat man ihnen abgesprochen. Und seit 50 Jahren dürfen nun auch die Schweizerinnen endlich wählen. Das haben wir grossartigen Vorkämpferinnen zu verdanken. Das haben wir den zahllosen namenlosen Frauen zu verdanken, die eines Tages ihren prügelnden Partner angezeigt, verlassen oder rausgeschmissen haben. Das haben wir Frauen, aber auch Männern zu verdanken. Männern, für die Gleichberechtigung selbstverständlich ist. Die gab es wohl schon immer. Aber es werden immer mehr. Es sind mittlerweile so viele, dass sich andersdenkende und -handelnde Männer schon etwas in die Enge gedrängt fühlen. Die Gleichstellung der Frau ist ein Multi-

Generationen-Projekt für mich. Männlicher Chauvinismus sollte einfach verschwinden, sich in Luft auflösen.

Wie Frauen sind und wie Männer sind, das hat viel mit Evolutionsbiologie zu tun. Das können wir nicht ändern. Aber die Evolution geht ja weiter. Auch gesellschaftlich. Und da sind wir – angesichts der Entwicklungen der letzten 100 Jahre – auf keinem schlechten Weg.

Ich habe – zu meinem grossen Glück – zwei Söhne. Sie zeigen mir, wie die «neuen» Männer ticken. Die Generation der heute über 20-Jährigen. Auch das ist keine homogene Frauenversteher-Gesellschaft. Für meine Söhne ist das, worüber ich hier schreibe, aber gar kein Thema. Für sie ist jede Form von Unterdrückung, Diskriminierung oder Benachteiligung einfach inakzeptabel. Sei es die von Frauen, LGBTQ, Rassen, Religionen oder Brillenträgern. Nicht weil sie besonders gute oder gerechte Menschen wären. Sondern weil sie nicht in diesen Kategorien denken. Sie brauchen diese Kategorien nicht mehr. Die sind für sie nur sperrig und im Weg. Sie wollen aber vorwärtskommen. Sie sind gute starke Männer. Und die arbeiten mit guten starken Frauen zusammen. Und kommen so zusammen vorwärts.

Der Feminismus ist kein Nullsummenspiel, bei dem immer nur ein Geschlecht gewinnt und das andere verliert. Unsere Kinder haben das schon viel besser begriffen als frühere Generationen. Wir sind auf dem richtigen Weg. Er muss nur weiter gegangen werden.

1 Zahlen SRF Stand 2019.

«Woher nehmen die Männer – alte und junge – das Recht, dass ich mich immer wieder mit ihrem Sexismus beschäftigen muss? Es ist nichts, was ich mir suche! Ich will einfach nur meinen Job machen.»

Samira Marti, geboren 1994 in Liestal BL, ist 2018 für die SP in den Nationalrat nachgerückt. Bei Amtsantritt war sie die zweitjüngste Abgeordnete in der Schweizer Parlamentsgeschichte und die jüngste Parlamentarierin des Rates. 2019 wurde sie wiedergewählt. Ihre politischen Schwerpunkte sind Steuer- und Wirtschaftspolitik, Migrationspolitik, Klimapolitik und Gleichstellung. Neben ihrem Mandat studiert sie an der Universität Zürich Volkswirtschaftslehre im Master.

Mit Gegenständen werfen hilft

Samira Marti, Nationalrätin, im Gespräch mit Isabel Rohner und Irène Schäppi

Samira Marti, Sie sind Jahrgang 1994 und wurden am 20. Oktober 2019 zum zweiten Mal in den Nationalrat gewählt. Nehmen Sie trotzdem wahr, dass Ihre Generation politisch weniger interessiert ist als andere?

Überhaupt nicht. Momentan haben wir sogar die totale Gegenbewegung: Sowohl in der Klimabewegung als auch in der Frauenbewegung sind ganz viele Junge, vor allem junge Frauen, aktiv. Auch in den Gewerkschaften erlebe ich eine Verjüngung.

Woher kommt dann die Einschätzung, auf die man bei älteren Personen, aber auch in den Medien immer wieder stösst, dass sich die junge Generation nicht so stark für Politik interessiert?

Manchmal haben die älteren Generationen ein sehr spezifisches Bild davon, was es heisst, politisch zu sein. Und wenn ein Engagement dem nicht ganz genau entspricht, nehmen sie es nicht als politisch wahr. Aber wenn man zu Demos geht, ist das politisch, nur vielleicht nicht institutionell.

Trotzdem sinkt die Wahlbeteiligung in der Schweiz seit Jahren sukzessive. Haben Sie die Hoffnung, dass sich das umdrehen lässt, wenn doch die Jungen jetzt wieder aktiver sind?

Ich habe es eigentlich gedacht. Aber bei den letzten Parlamentswahlen 2019 hatten wir eine historisch geringe Wahlbeteiligung von unter 50 Prozent, die ich mir nicht erklären kann.

Wie kriegen wir es hin, dass die Wahlbeteiligung wieder steigt?

In meinem Heimatkanton Baselland kam von einer Partei der Vorschlag, eine Busse einzuführen, wenn man nicht wählen geht, also einen Wahlzwang wie in Schaffhausen. Ich finde das nicht gut. Eine Voraussetzung dafür, wählen zu gehen, ist doch, dass man sich für Politik interessiert. Und bevor man sich interessiert, muss man das Gefühl haben, mit der Wahl etwas beeinflussen zu können. Wenn ich diese Überzeugung nicht habe, macht es auch keinen Sinn, wählen zu gehen und sich zu beteiligen. Darum muss die Politik wieder mehr unterschiedliche Visionen zulassen. Stattdessen hört man zu oft: «Entweder wir machen das jetzt so, oder es geht alles den Bach runter!» Diese Drohszenarien, gerade im Bereich der Wirtschaftspolitik, schaden längerfristig auch der Demokratie. Das suggeriert nämlich: «Es ist nicht legitim, von der heutigen Weltordnung abzurücken.» Das ist falsch – und gefährlich. Wir leben nicht in einer alternativlosen Welt.

Wie sind Sie zur Politik gekommen?

Ich war schon als Jugendliche, lange vor meinem Parteieintritt politisch interessiert. Ich war in Jugendgruppen und habe unter anderem auch politische Veranstaltungen und Podien organisiert. Irgendwann habe ich aber festgestellt, dass ich viel lieber vorne stehe und selber rede, als nur die Blumensträusse zu überreichen (lacht). Und da habe ich mich als Siebzehnjährige zum Parteieintritt entschlossen. Übrigens habe ich mich auch schon sehr früh für feministische Themen interessiert.

Wie kam das?

Ganz stark durch meine Mutter, die auch Feministin ist und mich und meine Geschwister dementsprechend erzogen hat. Wir haben zu Hause zum Beispiel oft Selbstverteidigung geübt und auch sehr explizit darüber gesprochen, was es in unserer Gesellschaft bedeutet, eine Frau zu sein, was einem für Eigenschaften zugeschrieben werden. Meiner Mutter war ganz wichtig, dass wir verinnerlichen: Frauen können alles machen, was Männer auch machen. Sie hat uns mitgegeben, dass wir uns in unserer persönlichen Entwicklung nie einschränken lassen sollen – aber dass wir auch wissen, dass es nicht immer einfach sein wird.

War in Ihrer Schulzeit die Geschichte der Frauenbewegungen in der Schweiz eigentlich ein Thema, immerhin sind Sie ja gut fünfzehn Jahre jünger als wir?

Vielleicht haben wir im Geschichtsunterricht mal davon gehört, dass die Schweizerinnen erst seit 1971 wählen können. Aber das war's dann auch. Ich habe aber meine Maturaarbeit über die Schweizer Frauengeschichte im 20. Jahrhundert geschrieben. Ich glaube, weil ich kurz vorher das Buch von Eveline Hasler über Emilie Kempin-Spyri gelesen habe, die erste Jura-Studentin in der Schweiz: «Die Wachsflügelfrau». Ich glaube, das war der Auslöser. Für meine Arbeit habe ich unter anderem ein Interview mit Judith Stamm, der ehemaligen Nationalratspräsidentin und CVP-Politikerin, geführt. Das Treffen mit ihr hat mich sehr beeindruckt.

Ist sie ein Vorbild für Sie?

Durch Judith Stamm habe ich begriffen, was es alles braucht für die Politik, was da alles dranhängt. Von daher würde ich schon sagen, dass sie ein Vorbild war, auch wenn ich persönlich Dinge z.T. anders mache und auch politisch anders sehe. Und später, als ich mich mit den Frauenbewegungen auseinandergesetzt habe, auch Iris von Roten. Überhaupt sind all die Frauen, die sich engagiert haben, irgendwie Vorbilder. Es ist schön zu wissen, dass man nicht bei Null anfängt, sondern von Generation zu Generation etwas weitergibt.

Was bedeutet das Jubiläum 50 Jahre Frauenstimmrecht in der Schweiz für Sie?

Es zeigt uns mal wieder, wie langsam wir waren. Für mich hat es aber auch eine persönliche Ebene. Bei Veranstaltungen kommen immer wieder Leute auf mich zu, die sagen, dass früher alles besser war. Das Totschlagargument dagegen ist natürlich, dass ich noch vor zwei Generationen schlicht nicht die Rolle hätte einnehmen können, die ich heute habe. Damals konnten Frauen noch nicht in den Nationalrat. Fertig. Das sage ich dann auch jeweils. Das gehört auch zu meiner Identität. Und zu der von meiner Familie: Ein politischer Schlüsselmoment, der mir immer wieder erzählt wurde, war jener, als Christoph Blocher 2003 für die SVP in den Bundesrat gewählt wurde: Da hat meine Grossmutter, damals Mitte 60, zum ersten Mal zusammen mit meiner Mutter an einer Demo in Bern teilgenommen: Die beiden stehen vor dem Bundeshaus, meine Mutter ruft: «Ihr Arschlöcher!» und meine Grossmutter sieht sie erst ganz schockiert an – und macht es ihr dann nach und schreit auch! (lacht) Und heute sitze ich im Bundeshaus.

Auch Elisabeth Kopp hat uns ihre Lieblingsanekdote zu Christoph Blocher erzählt. (lachen)

Es kommt nicht von ungefähr! Auch nach der Einführung des Frauenstimmrechts gehörte er zu denen, die immer alles versucht haben, um die Frauen in die Schranken zu weisen.

Und heute ist seine Tochter Magdalena Martullo-Blocher selber Nationalrätin und Chefin eines riesigen Unternehmens mit über 2800 Beschäftigten. Ohne das Frauenstimmrecht, den Gleichberechtigungsparagrafen und ein geändertes Eherecht wäre das alles kaum möglich gewesen.

Es ist wirklich interessant, zu schauen, was alle diese Errungenschaften im eigenen Umfeld bedeuten. Ich glaube, ich konnte das auch erst einordnen, als ich die Verbindung zu meiner Familie gezogen habe. Es geht ja neben der politischen Beteiligung für Frauen auch um wirtschaftliche Unabhängigkeit. Meine Grossmutter hat damals noch darum gekämpft, eine Ausbildung machen zu dürfen. Und sie hatte natürlich sehr lange kein eigenes Bankkonto. Meine Mutter wiederum hat das, was man eine klassische Frauen-Erwerbsbiografie nennt. Sie war als Primarlehrerin zwar immer berufstätig, aber Teilzeit. Das hat dann Auswirkungen auf Einkommen und Rente.

Vor einiger Zeit ist in der «NZZ am Sonntag» ein grosser Artikel erschienen, der die tollkühne These vertreten hat, Frauen seien einfach zu faul, um Vollzeit zu arbeiten.

Unsäglich. Aber in gewissen Kreisen gibt es gerade wieder einen konservativen Backlash. Der Artikel ist nur ein Beispiel dafür. Die Gegenbewegung spiegelt sich auch im Hass wider, den man als in der Öffentlichkeit stehende Frau erlebt. Da bilden sich gerade männliche Subkulturen, die ihre Privilegien verteidigen wollen.

Was für Nachrichten bekommen Sie?

Dass man auf politische Themen oder Meinungen nicht nur Zustimmung bekommt, ist klar. Das gilt auch für Männer in der Politik. Der grosse Unterschied zu den Männern, die in vergleichbaren Positionen sind, ist, dass ich sexualisierte Gewaltfantasien erhalte bis zu Vergewaltigungsandrohungen. Bei Frauen konzentriert sich der Hass viel stärker auf das Geschlecht.

Und wie gehen Sie damit um?

Ich habe angefangen, alles, was strafrechtlich relevant ist oder wo ich mir nicht ganz sicher bin, Jolanda Spiess-Hegglin[1] und ihrer Organisation #NetzCourage zu schicken. Sie kümmert sich dann für mich und andere Frauen um diese Angelegenheiten und stellt die Anzeigen.

Werden diese Nachrichten denn nicht anonym geschickt?

Erstaunlich selten. Ganz oft stammen sie sogar von ganz normalen Mailadressen mit dem vollen Namen der Absender. Vielleicht liegt es daran, dass viele gar nicht wissen, dass auch eine Drohung oder Beleidigung per Mail strafrechtlich relevant ist.

Erhalten Sie solche Nachrichten, weil Sie eine Frau sind oder weil Sie eine junge Frau sind?

Ich habe mich schon öfters mit älteren Nationalrätinnen darüber unterhalten. Die erleben das genauso. Und sie kennen es auch noch von früher. Sie sagen aber auch ganz klar, dass sie früher damit nicht hätten an die Öffentlichkeit gehen können: Es hätte schlicht niemanden interessiert. Das ändert sich gerade.

Und wie sieht es mit der Medienberichterstattung über Sie aus? Nehmen Sie Unterschiede wahr zwischen Ihnen und bspw. einem jungen männlichen Ratskollegen?

Oh ja! Eine Anekdote vom «Blick am Abend»: Als ich 2018 in den Nationalrat nachgerückt bin, haben sie ein Foto von mir auf die Titelseite genommen mit Zoom auf meine Nase und der Überschrift: «Jüngste Nasionalrätin – bleibt das Piercing?» Der ganze Artikel handelte ausschliesslich davon, ob ich mein Piercing behalte oder nicht, kein Wort zu meinem Werdegang oder zu meiner Politik.

Wie reagieren denn die jungen Männer auf feministische Themen?

Ich glaube, dass junge Männer verstehen, dass sie politisch nicht mehr drum herumkommen. Gleichzeitig stecken sie in einer Identitätskrise: Männer mussten lange nicht wirklich etwas leisten, um Karriere zu machen. Das ändert sich gerade. Junge Männer sind heute viel mehr gefordert als noch vor 20 Jahren. Es reicht nicht, Strukturen zu durchschauen – sie müssen sie massgeblich mitverändern. Das ist die Pflicht als feministischer Mann.

Das heisst also, wenn jetzt mehr Frauen Karriere in Politik und Wirtschaft machen wollen, ist das eine Gefahr für den mittelmässigen Mann – somit fördern Frauen die Qualität.

Ja, plötzlich gibt es einen neuen Wettbewerb.

Sind die Männer ihrer Generation weniger sexistisch als die älteren?

Nein, das hat sich noch nicht geändert. Auch die Männer meiner Generation sind noch damit aufgewachsen, dass sie es normal finden, alles für sich in Anspruch nehmen zu können. Ich trete dem relativ vehement entgegen, darum haben einige meiner Kollegen auch ein bisschen Angst vor mir. Wenn ich als einzige Frau in einer Sitzung bin und es kommen blöde Sprüche von anderen Teilnehmern, dann werfe ich mit einem Stift oder einem anderen Gegenstand. (lacht)

Sie machen bitte was?

Ja, bei Männern, mit denen ich schon gearbeitet habe, werfe ich mit Stiften. Bei fremden noch nicht (lacht). Früher habe ich bei sexistischen Sprüchen immer versucht zu erklären, warum das jetzt gerade nicht lustig ist. Und dann kam: «Ach, stell dich doch nicht so an! War doch nur ein Witz!» Und dann habe ich wieder zwei Minuten, drei Minuten erklärt – und der ganze Aufwand und Ärger lag immer bei mir. Weil ich es nun allen schon zigmal erklärt habe, gibts jetzt keine Erklärungen mehr, stattdessen schiesse ich mit einem Stift auf sie, dann ist Ruhe. Andere Frauen mögen andere Strategien haben, aber das ist meine. Auch für andere Situationen habe ich mir Strategien zurechtgelegt.

Da wollen wir natürlich mehr erfahren! Was machen Sie zum Beispiel, wenn Sie als einzige Frau in eine reine Männerrunde kommen, die Sie noch nicht kennen?

Wenn es zu Problemen kommt, gehe ich zu dem Mann, den ich am besten kenne und konfrontiere ihn mit der Situation. Damit schiebe ich ihm auch eine gewisse Verantwortung zu. Es gibt ja durchaus sensibilisierte Männer, die sich als Unterstützer in der Sache sehen im Sinn von: Ich sehe es, ich höre dir zu, ich widerspreche dir nicht. Aber ich finde, das reicht nicht. Das ist zu passiv. Wenn man in einer sozial stärkeren Position ist – wie man es als Mann in einem Raum voller Männer eben ist –, dann trägt man auch Verantwortung für die soziale Dynamik in einer Gruppe.

Ein Klassiker in einer Meetingsituation ist ja auch: Eine Frau sagt etwas, das Meeting geht einfach weiter, als wäre nichts gewesen. Zwei Minuten später sagt ein Mann genau das gleiche – und plötzlich ist es ein Thema. Wie gehen Sie mit solchen Situationen um?

Direkt thematisieren: «Ich habe das vorher schon gesagt!»

Hat natürlich zur Folge, dass Sie wahrscheinlich als schwierig gelten. Ist es das, was viele Frauen noch lernen müssen: es auszuhalten, als schwierig zu gelten?

Ja, ich denke schon. Als schwierig oder als gefährlich. Schwierig ist, wenn man es einmal sagt. Gefährlich, wenn man nicht lockerlässt. Das habe ich vorhin gemeint, dass Männer Angst haben. Viele Männer fangen an, aufzupassen und sich anders zu benehmen, wenn ich dabei bin. Plötzlich entschuldigen sie sich, wenn sie mich unterbrochen haben – weil sie genau wissen, wenn sie es nicht tun, thematisiere ich das. Ich habe mir dadurch Respekt verschafft. Aber das kostet natürlich viel Energie, die ich auch gerne für anderes investieren möchte.

Trotzdem ist es frustrierend: Wir haben 2020, und Sie haben immer noch mit denselben Verhaltensmustern von Männern zu kämpfen wie in den 1970ern und 1980ern. Wie haben Sie gelernt, damit umzugehen?

Ich lerne immer noch. Und natürlich gibt es auch bei mir Tage, an denen ich besser damit umgehen kann und an anderen nicht. Manchmal bin ich schon auch sehr wütend und auch traurig. Ich frage mich dann, woher sich die Männer das Recht nehmen, mich immer mit diesem Sexismus zu beschäftigen. Das ist, glaube ich, ein wichtiger Punkt: Es ist nichts, was ich mir suche! Ich will einfach nur meinen Job machen – das ist vor allem Wirtschafts- und Steuerpolitik! – und ich werde die ganze Zeit dabei unterbrochen durch die strukturelle Diskriminierung.

Seit der letzten Wahl sind Nationalrat und Ständerat weiblicher und jünger geworden.

Ich glaube, dass die Generationenfrage in einem breiteren Teil der Bevölkerung sogar legitimierter ist als die Frauenfrage. Wenn man sagt: «Es braucht mehr Junge im Parlament», sind alle einverstanden. Wenn man hingegen sagt: «Es braucht mehr Frauen im Parlament!» dann gibt es die, die sagen: «Jetzt hört endlich auf mit diesem Frauenthema.»

Was kann man tun, um politische Belange der Frauen stärker in den Mittelpunkt zu rücken?

Die Frauen müssen das einfordern. Am Ende des Tages führt kein Weg daran vorbei. Wenn irgendein steuerpolitisches Thema auf der Agenda steht, kommen unzählige Lobbybriefe. Jedes noch so kleine Interessensorgan schickt uns eine Stellungnahme. Bei Themen, die vor allem Frauen betreffen, kommt viel weniger, es entsteht weniger Druck von aussen. Frauenverbände und -organisationen, aber auch Privatfrauen müssen mehr Druck machen: Emails schreiben, Leserinnenbriefe schreiben, ihre Meinung laut zum Ausdruck bringen.

Alle Themen betreffen Frauen. Und die meisten Themen betreffen Frauen nochmals anders als Männer: Verkehrspolitik, Digitalisierung, Rentenpolitik ... Was erhoffen Sie sich, wenn jetzt mehr Frauen im Parlament sind?

Was vor meiner Generation Politikerinnen erfolgreich gemacht hat, war die Zusammenarbeit über Parteigrenzen hinweg. Ich finde es problematisch, wenn Frauenpolitik nur als linkes Thema gilt. Ich glaube nicht, dass alle Frauen, die beim letzten Frauenstreik dabei waren, nur SP oder Grün gewählt haben. Hier braucht es mehr Sichtbarkeit der Bürgerlichen, auch wenn wir uns inhaltlich in vielen Punkten nicht einig sind. Darum erhoffe ich mir, zukünftig mit noch mehr unterschiedlichen Politikerinnen der verschiedenen Parteien streiten zu können. Streit ist die Voraussetzung für Kompromisse.

1 Jolanda Spiess-Hegglin (Jg. 1980) ist Netzaktivistin, Journalistin und ehemalige Politikerin. Von 2014–2016 war sie Kantonsrätin im Kanton Zug. Den Verein #NetzCourage gründete sie 2016 zusammen mit Irina Studhalter mit dem Ziel, Betroffenen von Hass und Hetze im Internet gezielt Unterstützung zu bieten.

«Es gibt keine Berechtigung, Menschenrechte aufgrund kultureller Unterschiede anders anzuwenden.»

Lic. iur. Christine Schraner Burgener, geboren 1963, gehört zu den Top-Diplomatinnen der Schweiz. Sie trat 1991 in den diplomatischen Dienst ein, war nach Stationen in Marokko und Irland unter anderem Stellvertretende Direktorin der Völkerrechtsdirektion und im Jobsharing mit ihrem Ehemann Botschafterin in Thailand. Von 2015–2018 war die Mutter von zwei erwachsenen Kindern Botschafterin in Deutschland, bevor sie zur Sondergesandten des UNO-Generalsekretärs zu Myanmar ernannt wurde.

Frauenrechte international und die Rolle der Diplomatie

Christine Schraner Burgener, Sondergesandte des UNO-Generalsekretärs zu Myanmar

Frauenrechte als Menschenrechte

«Human rights are women's rights and women's rights are human rights once and for all» – dieser heute wohl fast banal klingende Satz von Hillary Rodham Clinton machte im September 1995 an der vierten UNO-Weltfrauenkonferenz in Peking Furore. Ich war damals Teil der offiziellen Schweizer Delegation, weil ich als Schweizer Diplomatin für die Frauenrechte in der Sektion Menschenrechte im Eidgenössischen Departement für auswärtige Angelegenheiten (EDA) zuständig war. Ich freute mich über diesen Satz, der eigentlich etwas Selbstverständliches ausdrückt, was es damals vor 25 Jahren aber nicht war. Der Satz hallte durch die Gänge des Konferenzgebäudes und hätte wohl nicht die gleiche Wirkung erzielt, wenn er nicht von einer First Lady, sondern von den ohne Frage sehr wichtigen NGOs geäussert worden wäre. In Peking wurde eine Aktionsplattform verabschiedet, ein offizielles Dokument, in welchem unter anderem zum ersten Mal das Selbstbestimmungsrecht der Frau über die eigene Sexualität zu den allgemeinen Grundrechten gezählt wurde.

Vernetzung auch international

Die Schweizer Delegation in Peking wurde von der damaligen Direktorin des Eidgenössischen Büros für die Gleichstellung von Frau und Mann, Patricia Schulz, geleitet und bestand ausschliesslich aus Frauen. Ich erinnere mich, dass im EDA die Integration eines Mannes in die Delegation diskutiert wurde und ich mich dagegen gewehrt hatte. Selbst wenn sich damals ein Mann für diese Themen aktiv eingesetzt hätte, wäre für mich die Aufnahme in die Delegation überhaupt nicht in Frage gekommen. Es klang zu sehr nach Alibimann. Umgekehrt würde man heute wohl von einer «Quotenfrau» sprechen. Schon damals war für mich ein Netzwerk von engagierten Frauen wichtig – davon konnten Frauen definitiv von Männern lernen (die durch den

Militärdienst, Vereine und berufliche Kontakte Seilschaften bildeten) – und schon damals habe ich erkannt, wie wichtig eine ausgewogene Vertretung von Frauen in der Diplomatie ist. Ich habe daher die Gründung eines Vereins der Diplomatinnen im EDA (DIP) mitinitiiert, der heute noch besteht. Aber auch die Vernetzung ausserhalb des EDA war für mich persönlich immer wichtig, zu Frauen in Interessenvertretungen, wie alliance F, zu Parlamentarierinnen, zu NGO-Vertreterinnen und zahlreichen engagierten Frauen im Bereich Politik, Wirtschaft und Medien. Genauso gewinnbringend war die Vernetzung mit Frauen auch auf meinen Auslandsposten in Marokko, Irland, Thailand und Deutschland.

Chancengleichheit als wichtiger Faktor für nachhaltige Entwicklung

20 Jahre nach der eingangs erwähnten Konferenz in Peking, am 25. September 2015, stimmte die UNO-Generalversammlung nach einem mehrjährigen Verhandlungsprozess der globalen Agenda 2030 für nachhaltige Entwicklung zu, die unter dem Titel «Sustainable Delevelopment Goals» 17 Ziele beinhaltet. Ziel Nummer 5 fordert unter dem Titel «Geschlechtergleichstellung erreichen und alle Frauen und Mädchen zur Selbstbestimmung befähigen» die Chancengleichheit zwischen Männern und Frauen in der ökonomischen Entwicklung, die Eliminierung aller Formen von Gewalt gegen Frauen und Mädchen, einschliesslich Eliminierung von Früh- und Zwangsverheiratungen, sowie gleichberechtigte Partizipation auf allen Ebenen. Die Schweiz hat sich jahrelang für die Schaffung dieser Ziele international eingesetzt. Das Schweizer Gleichstellungsgesetz, in Kraft seit 1996, verbietet Diskriminierungen im Erwerbsleben und sieht Massnahmen vor, um die Chancengleichheit von Frau und Mann im Berufsleben zu erleichtern. Leider sieht die Realität immer noch anders aus.

Internationale Instrumente

Diplomatinnen können und sollten Prozesse anstossen und Initiativen ergreifen, um auch die Gleichstellung von Frau und Mann zu fördern. Dies gilt im Heimatland wie im Gaststaat, wo Schweizer Diplomatinnen eingesetzt werden. In der Schweiz drängte ich im Vorfeld der Konferenz in Peking darauf, dass der Bundesrat dem Parlament die

Botschaft zur Genehmigung des UNO-Übereinkommens von 1979 zur Beseitigung jeder Form von Diskriminierung der Frau (CEDAW) unterbreiten kann. In der Folge wurde mir die Koordination und Co-Redaktion der Botschaft übertragen, so dass wir an der Konferenz in Peking die Ratifikationsabsicht der Regierung öffentlich machen konnten (es wurde am 27. März 1997 von der Schweiz ratifiziert). Dieses Übereinkommen bezeichnet als Diskriminierung der Frau «jede mit dem Geschlecht begründete Unterscheidung, Ausschliessung oder Beschränkung, die zur Folge oder zum Ziel hat, dass die auf die Gleichberechtigung von Mann und Frau gegründete Anerkennung, Inanspruchnahme oder Ausübung der Menschenrechte und Grundfreiheiten durch die Frau – ungeachtet ihres Zivilstands – im politischen, wirtschaftlichen, sozialen, kulturellen, staatsbürgerlichen oder jedem sonstigen Bereich beeinträchtigt oder vereitelt wird». In Artikel 7 werden auch explizit alle Vertragsstaaten aufgefordert, den Frauen das Stimmrecht bei Wahlen und Volksabstimmungen sowie das passive Wahlrecht für alle öffentlich gewählten Gremien zu gewährleisten.

Der Grundsatz der Gleichberechtigung von Frauen und Männern und das Verbot der Diskriminierung aufgrund des Geschlechts wurden, basierend auf der Charta der Vereinten Nationen von 1945, in zahlreichen Übereinkommen (wie zum Beispiel in den zwei UN-Menschenrechtspakten von 1966) festgehalten, aber erst mit der CEDAW wurde ein umfassender Katalog von rechtlich verbindlichen Verpflichtungen der Staaten geschaffen.

Solche internationalen Abkommen sind wichtige Mittel zur Einführung und Einhaltung von Menschenrechten, insbesondere wenn es einen Überprüfungsmechanismus gibt. Die Vertragsstaaten verpflichten sich, dem entsprechenden Ausschuss regelmässig über die Umsetzung ihrer Verpflichtungen Bericht zu erstatten. Patricia Schulz wurde erste Schweizerin im UNO-Ausschuss für die Beseitigung der Diskriminierung der Frau (von 2011–2018).

Rolle von Diplomatinnen

In einer internationalen Verhandlungssituation darf eine Diplomatin oder ein Diplomat nie weitergehen als die eigene nationale Gesetzgebung es erlauben würde. So durfte ich mich zum Beispiel in Peking nicht über das Abtreibungsrecht äussern. Erst sieben Jahre nach der

Konferenz wurde 2002 in der Schweiz die sogenannte Fristenregelung vom Volk angenommen. Daher ist der Entwicklungsstand der teilnehmenden Staaten an internationalen Konferenzen von grosser Bedeutung für Frauen aus Ländern, in welchen diese noch weitgehend unterdrückt werden und zum Beispiel unter Frauenhandel, Zwangsverheiratung, Kinderheirat oder Genitalverstümmelung leiden. Die Vertreterinnen und Vertreter aus Ländern, welche privilegierter sind, haben hier eine besondere Verantwortung, um sich für die Menschenrechte weltweit einzusetzen. Daher ist auch das Engagement für eine ausgewogene Frauenvertretung in der Diplomatie wichtig.

Die Schweizer Diplomatie zählte in Europa in Bezug auf die Frauenvertretung, wie beim Frauenstimmrecht, zum Schlusslicht. Als letztes Land in Europa wurden erst 1956 auch Frauen zur Diplomatie zugelassen. Bis 1972, also bis nach Einführung des Frauenstimmrechts, mussten Diplomatinnen, die heiraten wollten, wieder aus dem Dienst austreten. Inzwischen ist der Frauenanteil in der Diplomatie dank einer, von der damaligen Bundesrätin und Vorsteherin des EDA Micheline Calmy-Rey eingeführten, paritätischen Gewinnung im Auswahlverfahren (Concours) gestiegen. Die Massnahme ermutigte junge, interessierte Frauen, sich zu bewerben. Inzwischen sind sowohl die Anzahl der Bewerbenden als auch die Erfolgschancen bei beiden Geschlechtern – auch ohne «Quote» – vergleichbar: in den letzten zehn Jahren betrug der Frauenanteil beim ausgewählten Nachwuchs in der Diplomatie durchschnittlich 48 Prozent. Allerdings sind auf den Topkaderstellen die Frauen mit 22 Prozent immer noch markant untervertreten. Nur gerade 30 von 155 Botschaften werden von Frauen geleitet. Das EDA unternimmt aber viel, um die Vereinbarkeit von Beruf und Familie zu fördern. Weltweit ist die Schweiz das erste Land, das ein Jobsharing auf Botschafterebene einführte, indem ich im Jahre 2009 als Botschafterin nach Thailand und mein Ehemann als Botschafter in Laos, Myanmar und Kambodscha entsandt wurde (meine Vorgänger waren für alle vier Länder gleichzeitig zuständig; mein Mann und ich teilten uns diese Aufgabe, inklusive Lohn).

Frauenstimmrecht und Perzeption der Schweiz in anderen Ländern

Auch Saudi-Arabien hat im Jahre 2000 die Konvention CEDAW ratifiziert und 2011, als letzte Nation, das Frauenwahlrecht eingeführt. Die erste Kommunalwahl, an der auch Frauen das aktive und passive Wahlrecht hatten, fand in Saudi-Arabien 2015 statt.[1] Obwohl die Schweiz in Europa als eines der letzten Länder das Frauenstimmrecht eingeführt hat (vor Portugal 1974 und Liechtenstein 1984), darf nicht darüber hinweggetäuscht werden, dass in vielen Ländern den Frauen das Wahl- und Stimmrecht zwar früher zustand, aber nicht allen Frauen gleichermassen. In einigen Ländern spielte der Zivilstand der Frau (zum Beispiel Einwilligung durch den Ehemann) und die Rasse eine Rolle, wie etwa in Südafrika (schwarze Frauen waren bis 1994 ausgeschlossen) oder Australien (indigene Frauen waren bis 1962 ausgeschlossen).

Die nordischen Staaten Europas stehen an der Spitze der Länder mit der höchsten Gleichstellung der Geschlechter. Aber die Rangliste der Länder mit den geringsten geschlechtsspezifischen Unterschieden des Weltwirtschaftsforums WEF («The Global Gender Gap Report», WEF, 2020) zeigt, dass nicht nur europäische Länder in den ersten zehn Ländern glänzen; so steht zum Beispiel Nicaragua an fünfter Stelle und Rwanda an neunter Stelle (die Studie untersuchte die Bereiche Bildung, Gesundheit, Wirtschaft und Politik). Dies entspricht auch meinen persönlichen Erfahrungen auf verschiedenen Kontinenten. Ich wurde zum Beispiel in den sechs Jahren als Schweizer Botschafterin in Thailand nie von Thais darauf angesprochen, dass ich als Frau diese Position innehabe. Ich habe daher sehr gestaunt, als ich 2015 Schweizer Botschafterin in Berlin wurde und die Schweizer Medien über die erste Frau auf diesem Posten intensiv berichtet haben. Eine Selbstverständlichkeit schien es nicht zu sein. Ein Journalist fragte sogar, ob mich mein Ehemann weiter beraten wird, auch wenn wir nicht mehr im Jobsharing arbeiteten.

Bei diplomatischen Demarchen, die ich bei Menschenrechtsverletzungen im Gaststaat tätigte, kam es auch mal vor, dass die entsprechende Regierung sich auf den Entwicklungsstand und die unterschiedliche Geschichte der Staaten berief und dabei gleichzeitig das in der Schweiz spät eingeführte Frauenstimmrecht als Beispiel erwähnte. Im Vergleich zum Ruf der Schweiz als ein Land mit einer langen humanitären Tradition (Depositarstaat der Genfer Konventionen), welches sich für die Einhaltung und Förderung der Menschenrechte und des Humanitären Völkerrechts weltweit einsetzt, wirkt die späte Einführung des Frauenstimmrechts wie ein historischer Makel.

Partizipation der Frauen an Friedensverhandlungen

Ein für mich persönlich wichtiger Bereich in meiner aktuellen Tätigkeit als Sondergesandte des UN-Generalsekretärs zu Myanmar betrifft die verbesserte Partizipation der Frauen an Friedensverhandlungen, die Prävention von Kriegen und den Schutz vor geschlechtsspezifischer Gewalt. Dies wurde spezifisch in der Resolution 1325 des UN-Sicherheitsrates aus dem Jahre 2000 statuiert, und die Mitgliedstaaten wurden aufgefordert, einen nationalen Aktionsplan zu verabschieden.[2] In bin überzeugt, dass Frauen eine ganz wichtige Rolle für den Erfolg von Friedensverhandlungen spielen, darauf weisen auch mehrere Studien hin.[3] Ich spreche daher oft mit Frauen in Myanmar (insbesondere mit Opfern, Politikerinnen, NGO-Vertreterinnen) und beziehe sie aktiv mit ein in die Gespräche zur Lösungsfindung. An der letzten Panglong-Friedenskonferenz vom Juli 2018 in Nay Pyi Taw wurde beschlossen, vermehrt Frauen in die Friedensgespräche mit einzubeziehen.

Gleichstellung weltweit

Auch in dieser Tätigkeit, wie auch früher als Botschafterin, werde ich regelmässig mit Argumenten der kulturellen Unterschiede konfrontiert. Es gibt jedoch keine Berechtigung, Menschenrechte aufgrund kultureller Unterschiede anders anzuwenden. Dies wurde nach langen mühsamen Verhandlungen auf der UN-Menschenrechtsweltkonferenz in Wien 1993 festgelegt (Wiener Erklärung und Aktionsprogramm). Meine Pflicht ist es, in meiner Tätigkeit als Diplomatin oder als UN-Vermittlerin immer wieder darauf hinzuwirken, dass Staaten ohne Rücksicht auf ihr jeweiliges politisches, wirtschaftliches und kulturelles System alle Menschenrechte und Grundfreiheiten fördern und schützen. Rückschritte, die in jüngster Zeit aufgrund des wieder erstarkten Nationalismus in Europa wie anderswo zu spüren sind, dürfen wir nicht zulassen. Diese würden auch und besonders Frauen betreffen.

Wenn auch unsere Töchter persönlich von unserem Engagement in der Vergangenheit zugunsten einer Gleichstellung von Frau und Mann nicht viel mitbekommen haben – meine ist jetzt 23 Jahre alt und kennt die Geschichte nur aus Erzählungen –, sollten wir verhindern, dass sie für die nun selbstverständlich erscheinenden Errungenschaften erneut kämpfen müssen. Durch Vermeidung von stereotypischer Erziehung können Männer vermehrt davon überzeugt werden, dass auch sie zu den Gewinnern einer Gleichstellung von Frau und Mann zählen dürfen. Dies ist weltweit noch ein langer Weg. Denn viele Frauen in verschiedenen Weltregionen leben in einem dies wenig begünstigenden, nicht entwickelten Umfeld, wo weiterhin archaische Wertvorstellungen herrschen. Dessen bewusst sollten wir unsere Errungenschaften schätzen und von unseren politischen Rechten, insbesondere vom Stimm- und Wahlrecht Gebrauch machen.

1 Die Bedingungen für diese Wahl waren für Frauen und Männer jedoch unterschiedlich: Da Frauen erst seit 2018 in Saudi-Arabien selber Auto fahren dürfen, waren sie vielfach darauf angewiesen, von einem männlichen Verwandten zur Wahl gefahren zu werden. Auch verfügten viele Frauen über keinen Personalausweis – eine Voraussetzung für eine Teilnahme bei der Wahl. Neben 6200 Männern kandidierten immerhin fast 900 Frauen, 20 von ihnen wurden gewählt.

2 Siehe hierzu auch: www.swisspeace.ch/fileadmin/user_upload/Media/Publications/Newsletter/2015/NL_141_de.pdf

3 Siehe hierzu auch: www.unwomen.de/informieren/beteiligung-von-frauen-an-allen-aspekten-von-friedens-und-sicherheitspolitik.html

«Indem Frauen sich für ihre eigene Visibility einsetzen, tun sie nicht nur sich selbst und ihrer Karriere, sondern der Gesellschaft einen Gefallen.»

Dr. Ellen Ringier, geboren 1951, ist Präsidentin der Stiftung Elternsein und Herausgeberin des Schweizer Eltern-Magazins «Fritz und Fränzi». Sie ist seit über 40 Jahren mit dem Verleger Michael Ringier verheiratet und Mutter zweier erwachsener Töchter. Ellen Ringier engagierte sich bereits als Studentin aktiv für das Frauenstimmrecht und setzt sich noch heute ehrenamtlich für Frauen- und Familienthemen ein. 2018 war sie Co-Produzentin des Films «#Female Pleasure».

Frauen müssen sichtbarer werden!

Ellen Ringier, Verlegerin, im Gespräch mit Irène Schäppi

Frau Ringier, was bedeutet das 50-jährige Jubiläum des Schweizer Frauenstimmrechts für Sie persönlich?

Es beschreibt eigentlich mein Leben. Insbesondere weil ich mich selbst seit über 50 Jahren für Themen wie Lohngleichheit oder eine vernünftige Gender-Diversity einsetze oder dafür, dass man Frauen auch in Männergremien einsetzt und dass unsere Gesellschaft endlich erkennt, was für einen wichtigen Beitrag Frauen leisten können. Es gibt ein Foto von mir, auf dem ich 1970 als Zwanzigjährige einem Luzerner Stadtpolizisten Nelken und einen Propaganda-Flyer für das Frauenstimmrecht überreiche. Und ich weiss noch, wie ich in diesem Moment gedacht habe, das wird nun klappen und dass sich für die Frauen alles ändern wird. Die 50 Jahre nach Annahme des Frauenstimmrechts allerdings waren für mich eine Enttäuschung, weil sich in Sachen Frauenthemen und Gleichberechtigung nichts wesentlich verbessert hat. Ich warte eigentlich seit 50 Jahren auf ein Follow-up. Trotzdem verspüre ich den Kämpferinnen gegenüber, die ich alle noch kennengelernt habe – darunter Alt-Bundesrätin Elisabeth Kopp, die erste Präsidentin der Eidgenössischen Kommission für Frauenfragen Emilie Lieberherr oder die frühere SP-Nationalrätin Lilian Uchtenhagen – eine grosse Dankbarkeit. Denn sie haben mit ihrem Engagement den Männern die Absurdität von «One man, one vote» bewusst gemacht. Darum hätten Frauen eigentlich nach der Annahme des Frauenstimmrechts einen leichteren Weg haben sollen. Mit dem Widerstand aus der männlichen Gesellschaft habe ich nicht gerechnet.

Haben Sie hierfür ein konkretes Beispiel?

Kurz nach Abschluss meines Studiums in Rechtswissenschaften war ich bei einem Abendessen eingeladen und sass dort neben einem Anwalt, dem ich von meinem erfolgreich bestandenen Lizenziat erzählte. Er antwortete darauf nur: «Wir nehmen keine Frauen in unserer Kanzlei auf.» Bei einer anderen Gelegenheit war ich die Tischnachbarin eines damals einflussreichen Bankdirektors, ein älterer Herr, der die Meinung vertrat, es sei einfach nicht zumutbar, dass Frauen Kunden bedienen würden. Ich bin ihm dann zehn Jahre später wieder begegnet und habe ihn darauf angesprochen, wie es komme, dass er nun plötzlich so viele Frauen hinter dem Schalter habe? Offensichtlich hatte er unsere erste Begegnung völlig vergessen, denn er antwortete mir: «Ja klar, Kunden fühlen sich viel besser betreut von einer Frau.» Worauf ich dann nur meinte: «Ah ja, interessant.» Also ich könnte noch stundenlang solche Geschichten erzählen.

Wann genau haben Sie sich für Frauenrechte und die Frauenbewegung zu interessieren begonnen?

Bis zum Studium war ich relativ sorglos, was Politisches betraf. Das hatte mehrere Gründe: Meine Mutter Harriet zum Beispiel. Sie ist in London aufgewachsen, hat an der University of London Sprachen sowie Literatur studiert und hatte, als sie 1951 in die Schweiz gekommen ist, bereits ein Jahr an der Wall Street in New York gearbeitet. Sie war also ziemlich selbstbestimmt, weshalb ich sie als Kind immer ein wenig als Exotin empfunden habe. Sie konnte auch nicht kochen oder nähen wie andere, sogenannte normale und wohl auch konservativere Mütter, dafür die halbe Weltliteratur auswendig rezitieren. Wofür ich mich damals manchmal fast geschämt habe, weil das ein so grober Kontrast zum Rest der (Schweizer) Welt ausserhalb meiner Familie war. Ebenso mein Vater, der immer gemeint hat: «Verdien zuerst mal dein eigenes Geld, bevor du zu politisieren anfängst.» Und selbst in der Schule – ich war im Städtischen Töchtergymnasium – waren Frauenrechte oder Politik kein Thema. An der Universität Zürich dagegen kam ich sehr schnell damit in Berührung: Ich begann, mich mit Leninisten und Marxisten auszutauschen und bin Mitglied bei einer Gruppe von linken Jus-Studentinnen und Studenten, den «Kritischen Jurist*innen», geworden. Zudem bin ich nach dem Studium in Deutschland sehr schnell politisiert worden, weil Politik dort ständig Thema war. Während man in der Schweiz jeweils von seinen Ferien erzählte, sprach man in Deutschland über Parteien. Das hat mich sehr beeindruckt und nachhaltig verändert. Trotzdem bin ich selbst nie politisch tätig geworden. Auch dann nicht, als mich die FDP nicht einmal, sondern zweimal angefragt hat, für den Nationalrat zu kandidieren. Oder als mir die Präsidentschaft der Schweizerischen Flüchtlingshilfe angeboten worden ist. Meine Weigerung damals hatte zum einen zeitliche Gründe, lag aber auch an Diskussionen, die ich jeweils wegen dem Namen Ringier führen musste. So wurde mir zum Beispiel, als ich mich für das Antirassismusgesetz eingesetzt habe, entgegengeschleudert, ich solle mir doch beim «Blick»-Chefredaktor Gehör verschaffen. Ich wurde und werde wegen meines Familiennamens oft schubladisiert.

Glauben Sie, dass das nur an Ihrem Familiennamen liegt oder auch daran, weil Sie eine Frau sind?

Der Name ist das Offensichtlichere. Zudem habe ich auch nie die Frauenkarte gespielt. Ich wurde so erzogen, dass Schönheit keine grosse Rolle spielt. Obwohl wir zu Hause drei Töchter waren, legte mein Vater grossen Wert darauf, dass wir Mädchen uns nicht über unser Äusseres definierten, sondern über das, was wir im Kopf haben. Darum verlangte er von mir, dass ich in meiner frühen Teenagerzeit mit kurzen Haaren rumlaufe, damit ich mich ja nicht über mein Aussehen definiere. Das war sehr fortschrittlich damals, und heute bin ich froh darüber. Ich habe mich nie über mein Frau-Sein definiert, sondern immer nur über die Menschlichkeit.

Ist Menschlichkeit auch der Wert, den Sie Ihren Töchtern vermittelt haben?

Beide Mädchen, sie sind jetzt beide fast 30 Jahre alt, zeichnen sich durch eine unterschiedliche Empathie aus. Lilly, die Ältere, interessiert sich für soziale Aspekte, den Umweltschutz und ökologische Gerechtigkeit. Bei Sophie hatte ich ein Interesse für kommunale Themen festgestellt und sie darum bei der Frauenzentrale angemeldet.

Kommen wir nochmals auf die Rechte von Frauen zu sprechen. Sie haben eingangs Ihre Enttäuschung darüber geäussert, dass sich in den letzten 50 Jahren nicht viel in Sachen Gleichstellung getan hat. Warum dauert das in der Schweiz so lange?

Es gibt keinen Druck von aussen, keine Notwendigkeit. Das hat aber auch mit unserer Geschichte zu tun. Die Schweiz war dank ihrer Neutralität in einer Ausnahmesituation: In fast allen anderen europäischen Ländern waren die Männer während der Weltkriege an der Front, und die Frauen haben zu Hause die Familie zusammengehalten, Firmen geführt oder Äcker bearbeitet! Und als die Männer zurückkamen, liessen sich die Frauen nicht mehr zurückdrängen. Diese Erfahrung hatten die Schweizer Frauen nicht. Ein anderer Grund könnte auch in unserer DNA liegen: Wir dürfen nicht vergessen, dass die Schweiz ursprünglich eine agrarische Gesellschaft ist, die sich mit Veränderung schwertut und Frauen am liebsten den drei Ks zuordnet: der Kirche, der Küche und den Kindern. Zudem wird in unserem Land eine Ehefrau bis heute nicht als eigenständige Persönlichkeit wahrgenommen. Die Schuld hierfür liegt aber nicht nur bei den Männern. Wir Frauen haben zu lange selbst nicht vorwärts gemacht und gehofft, die Männer würden irgendwann schon von selbst einsichtig werden.

Sie haben darum mal zurecht in einem Interview gesagt, dass wir Frauen uns selbst befähigen müssen, um etwas in Gang zu setzen.

Aktuell tut sich wirklich etwas. Auch dank der Dachorganisation der Frauenverbände alliance F, die mit ihrer Kampagne «Helvetia ruft!» enorm viele Frauen hat motivieren können, politisch aktiv zu werden. Bei den Nationalratswahlen 2019 waren 40.3 Prozent der Kandidierenden Frauen und der Frauenanteil in der Parlamentskammer ist deutlich gestiegen! Nun muss sich allerdings noch zeigen, ob diese Frauen nun wirklich etwas für das Gesamtwohl der Frauen tun wollen oder ob sie nur für sich selbst politisieren wollen.

Das müssen Sie erklären.

Als ich jung war, herrschte bei älteren Frauen, wie soll ich das jetzt genau formulieren, eine Art Neid auf meine Generation. Und zwar in der Art: «Warum sollen Frauen plötzlich zwischen Familie und Beruf wählen können? Für uns war das ja auch nicht möglich!» Ich hoffe darum sehr, dass die heutige Generation dieses Denken überwunden hat. Ich wünsche mir, dass Frauen Solidarität aufbringen und sich gegenseitig unterstützen.

Das Vorurteil, Frauen würden in Konkurrenz zueinander stehen, ist also nicht zu Unrecht weit verbreitet?

Leider ja. Ich stelle allerdings fest, dass die Generation meiner Töchter, also die Millennials, schon einen Schritt weiter sind: Sie gehen wählen und beginnen, sich politisch zu engagieren. Das ist ein Lichtblick, ebenso wie die wachsende Zahl von Frauennetzwerken, die zusehends einen genauso grossen Stellenwert wie Männernetzwerke bekommen. Aber auch hierfür gilt: Es sind wir Frauen, die sich dafür einsetzen müssen.

Darum ist es wichtig, dass wir Frauen gemeinsam an einem Strang ziehen und nicht gegeneinander arbeiten.

Genau. Ich würde sogar noch einen Schritt weitergehen: Es wäre auch sehr schön, wenn wir das Feindbild Männer abschaffen würden. Das haben wir auch mit dem Film «#Female Pleasure» versucht. Dem Dok-Film ist es gelungen, den Kampf unterschiedlicher Frauen auf der ganzen Welt für eine selbstbestimmte weibliche Sexualität darzustellen, ohne anklägerisch gegen Männer zu sein. Und Männer sogar in die Problemlösung miteinzubeziehen.

Trotzdem tun sich Männer nach wie vor schwer mit Gender-Diversity.

Hier muss man mit Fakten argumentieren. Es gibt inzwischen viele Wirtschaftsstudien, die belegen, dass Teams mit einem ausgewogenen Gender Mix bessere Leistungen erbringen als solche, die vorwiegend aus männlichen Mitarbeitern bestehen. Denn Frauen verfügen über den vermutlich erziehungsbedingten Vorteil, besser ganzheitlich denken zu können. Heute kommt es weniger auf die physische Stärke an, sondern viel mehr auf die Empathie.

Was halten Sie von Quoten?

Ich bin eigentlich dagegen. Ich bin der Meinung, dass Frauen über ihre Leistungen definiert werden sollen und nicht über ihr Geschlecht. Aber solange die Grundlagen hierfür noch nicht gegeben sind, bleibt uns nichts anderes übrig. Deshalb muss man gesellschaftlich Druck machen, damit die Stereotypisierung von Mädchen nicht nur bei der Erziehung zu Hause aufhört, sondern auch in der Schule. Denn wenn Mädchen nach wie vor hauptsächlich in sprachlichen oder musischen Fächern gefördert werden, in MINT-Fächern wie Mathematik, Informatik, Naturwissenschaften oder Technik dagegen kaum, ist eine echte Chancengleichheit in der Berufswelt unrealistisch. Mit Empathie alleine geht es leider nicht. Ich bin aber ganz klar der Ansicht, dass wenn Frauen sich mit denselben Qualifikationen für einen Job wie ein Mann bewerben, sie absolut den Vorrang bekommen und gefördert werden sollten.

Schweizer Unternehmer tun sich generell schwer damit, Frauen in Machtpositionen zu befördern – oder wie empfinden Sie das selbst?

Natürlich. Wenn ein Manager zu Hause eine Frau hat, die nicht arbeiten gehen darf, wird er Frauen in seinem Unternehmen vermutlich auch nicht fördern. Ich denke hierbei insbesondere an Arbeitgeber und Personalverantwortliche, die Mitglieder einer Partei[1] sind, die mich nicht so gerne hat und die etwa von einem Drittel der Schweizer gewählt wird. Dann gibt es noch ein Drittel, das in Sachen Gleichberechtigung und Frauenförderung indifferent ist. Bleibt also nur noch ein Drittel von aufgeschlossenen Männern, die Führungspositionen aus Überzeugung mit Frauen besetzen wollen.

Das 2019 gegründete SRG-Frauennetzwerk «idée femme»[2] ist ein Anstoss dazu, mit dem Ziel, sich für die Gleichstellung im Hinblick auf Chancen, Förderung, Lohn und Sichtbarkeit der SRG-Frauen einzusetzen und die Repräsentanz von Frauen im Fernsehen zu erhöhen.

Bei Ringier gibt es diese Diskussionen auch, was zur Initiative «equal voice» geführt hat. Dabei geht es nicht nur darum, zum Beispiel typische Männerdomänen wie die Redaktionsleitung einer Sportredaktion mit einer Frau zu besetzen, sondern auch darum, wen man zitiert. Sind es immer nur Männer, die Experten sind, oder gibt es nicht auch Expertinnen? Die Redaktionen werden angehalten, zum Beispiel bewusst auch weibliche Expertinnen zu zitieren. Zudem werden immer noch die meisten wissenschaftlichen Papiere von Männern publiziert. Ich kann es darum nicht genug sagen: Frauen müssen ihre Visibility selbst schaffen! Die Zeit der weiblichen Bescheidenheit muss ein Ende haben. Indem Frauen sich profilieren, tun sie übrigens nicht nur sich selbst und ihrer Karriere einen Gefallen, sondern auch der Gemeinschaft.

Viele Frauen scheuen sich allerdings, mit ihren Erfolgen anzugeben, um nicht als arrogant zu gelten.

Ja, die Hürde ist hoch. Oft liegt das aber nicht einmal an der Befürchtung, arrogant zu wirken. Frauen stellen hohe Ansprüche an sich selbst und stellen sich selbst in Frage. Das ist mir in meiner Jugend auch passiert. Ich glaubte, nicht befähigt oder nicht klug genug zu sein, um mich zu gewissen Themen zu äussern. Bis ich dann begriffen habe, dass Männer manchmal, ohne Ahnung von einem Thema zu haben, reden, damit geredet worden ist.

Wie können wir diesen Anspruch an Perfektion durchbrechen?

Ich bin nicht sicher, ob wir diesen Anspruch durchbrechen müssen. Sollten wir nicht vielmehr darauf bestehen, dass jeder, der ein gewisses Amt oder eine gewisse Position innehat, eine wirkliche Befähigung dazu hat?

Welche Erfahrungen haben Sie als Frau im Fundraising gemacht?

Es gab tatsächlich Leute, die meinem Mann geschrieben haben, er soll mich endlich an die Kandare nehmen. Aber auch solche, die fanden, das, was ich mit der Stiftung Elternsein oder mit der Elternzeitschrift «Fritz+Fränzi» mache, sei wenig vereinbar mit der Rolle einer Unternehmergattin. Jemand wollte mir sogar vor 20 Jahren mal erklären, was genau eine Unternehmergattin ausmachen würde: «Tais-toi et sois jolie». Frauen mussten etwas darstellen, wenn ihr Mann «Rang und Namen» hatte, also repräsentieren. Zum Glück hat sich das heute geändert.

Wie begegnet man Ihnen heute?

Ich bin jetzt 68 und das Attribut Frau tritt nun zurück zugunsten der Person oder Persönlichkeit. Was ich eigentlich ganz schön finde.

Sie sind mit einem der vermögendsten Männer der Schweiz[3] verheiratet und stammen selbst nicht aus armen Verhältnissen. Was bedeutet Geld für Sie persönlich? Geld spielt schliesslich eine grosse Rolle für die Unabhängigkeit einer Frau.

Unabhängigkeit ist ein wichtiges Stichwort. Das war auch meinem Grossvater ein Anliegen, der darum mir und meinen Schwestern je ein kleines Vermögen hinterlassen hat, damit wir unabhängig von unseren künftigen Ehemännern leben konnten. Ich für meinen Teil arbeite nun seit 20 Jahren mit diesem Geld für meine Stiftung. Wenn man bedenkt, dass mein Grossvater heute weit über 100 Jahre alt wäre, war das schon extrem fortschrittlich. Da bin ich ihm sehr dankbar dafür.

Geld bedeutet natürlich auch Macht. Was bedeutet Macht für Sie?

Für mich geht es bei Macht nicht nur um Herrschaft. Vielmehr geht es für mich um Deutungsmacht. Der Mächtige innerhalb einer Firma hat die Möglichkeit, für Gender-Diversity zu sorgen, und so die Gesellschaft mitzuprägen. Für mich persönlich bedeutet Macht aber auch, eine Stimme zu sein, ich assoziiere das weniger mit Geld. Sondern mit intellektuellen Mitteln und Überzeugungskraft.

Letzte Frage: Was raten Sie jungen Frauen?

Früher politisch wach zu werden! Und vor allem nicht nur wach werden, sondern auch handeln. Denn von nichts kommt nichts, das ist einfach so.

1 Ellen Ringier wurde in der Vergangenheit von der SVP aufgrund ihrer Fundraising-Tätigkeit des Öfteren als «Kryptokommunistin» bezeichnet.
2 Siehe Interview mit der SRF-Direktorin Nathalie Wappler auf den Seiten 183–193.
3 Das Wirtschaftsmagazin «Bilanz» schätzt das Vermögen der Familie Ringier auf einen Wert von 900 bis 1000 Millionen Franken.

«Männer: Wollt Ihr das Frauenstimmrecht?»

Dr. Isabel Rohner wurde 1979 in St. Gallen geboren. Sie studierte in Zürich und Köln Germanistik, Romanistik und Philosophie und promovierte in Giessen über die Werkrezeption der feministischen Pionierin Hedwig Dohm (1831–1919). Zusammen mit Nikola Müller gibt sie die Edition Hedwig Dohm heraus. Sie ist zudem die Autorin der Dohm-Biografie «Spuren ins Jetzt» sowie Herausgeberin und Initiatorin des Sammelbandes «100 Jahre Frauenwahlrecht. Ziel erreicht! ... und weiter?» (beides Ulrike Helmer Verlag) über das Jubiläum in Deutschland. Den Kampf ums Frauenwahlrecht in Appenzell hat sie als Zehnjährige hautnah miterlebt und bezeichnet ihn als ihre früheste politische Erinnerung. Mit Theresia Rohner ist sie nicht direkt verwandt.

Von Demokratie und Ravioli oder Warum die Appenzellerinnen dann doch irgendwann wählen durften

Isabel Rohner, Publizistin

Im Frühjahr 1989 reichte es ihr endgültig.

Warum sollte sie sich in dem Kanton, in dem sie lebte und arbeitete, politisch nicht beteiligen dürfen? Sie zahlte Steuern – genau wie die Männer. Theresia Rohner hatte die Ausflüchte satt. Auf Bundesebene durfte sie wählen. Dort gehörten die Schweizer Bürgerinnen seit dem 7. Februar 1971 – im Vergleich zu den europäischen Nachbarstaaten kam auch dies viel zu spät – ganz offiziell zur obersten Gewalt der direkten Demokratie. Auf Bundesebene entschieden die Frauen über alle möglichen Fragen – von Massnahmen zum Ausgleich des Bundeshaushalts, über die Gründung des Kantons Jura oder auch über die Zusammenarbeit der Eidgenossenschaft mit der Europäischen Wirtschaftsgemeinschaft. Aber im Kanton Appenzell Innerrhoden sollten die Frauen noch nicht einmal über den Bau einer neuen Turnhalle mitentscheiden dürfen? In den anderen Kantonen der Schweiz hatten die Frauen das kantonale Stimmrecht schon lange. Als erster Kanton hatte es Waadt bereits 1959 eingeführt. Bis 1972 folgten alle anderen – bis auf Appenzell Innerrhoden und Appenzell Ausserrhoden.

Und überhaupt: Wie absurd war es, dass bislang alle Versuche, den Frauen das kantonale Stimmrecht zu geben, in Appenzell gescheitert waren, weil ausschliesslich die Männer darüber entscheiden konnten. Bereits zweimal – 1973 und 1982 – hatten die Appenzeller dem Frauenstimmrecht auf kantonaler Ebene eine Absage erteilt und damit verhindert, dass ihre Ehefrauen, Schwestern, Mütter und Töchter eine eigene politische Stimme bekamen.

Theresia Rohner konnte das nicht verstehen. Die 35-Jährige betrieb zu dieser Zeit einen Töpferladen im Zentrum von Appenzell, war verheiratet und hatte zwei kleine Töchter. Am 5. April 1989 wendete sie sich an die Kantonsregierung («Standeskommission») und stellte ein offizielles Gesuch: An der kommenden Landsgemeinde am 30. April wollte sie genauso teilnehmen dürfen wie die Männer.

Im gesamten Kanton Appenzell Innerrhoden lebten damals knapp 14 000 Menschen, rund ein Drittel davon in Appenzell, dem malerischen Hauptort mit seinem hübschen Zentrum aus dem 16. Jahrhundert. Hier ist man bis heute stolz auf die Landsgemeinde. Bei dieser ältesten und einfachsten Form der direkten Demokratie versammeln sich die stimmberechtigten Bürger auf dem Landsgemeindeplatz und stimmen durch das Heben der Hand oder eines Säbels über die vorgetragenen Anträge ab. Neben Appenzell Innerrhoden fanden Ende der 1980er-Jahre Landsgemeinden noch in Nidwalden (abgeschafft 1996), Appenzell Ausserrhoden (abgeschafft 1997), Obwalden (abgeschafft 1998) und Glarus (bis heute) statt. Alle anderen Kantone wählten auch kantonal an Urnen oder schriftlich.

Die Kantonsregierung von Appenzell Innerrhoden nahm das Gesuch von Theresia Rohner zur Kenntnis und reagierte erstaunlich schnell: Bereits zwei Wochen später lehnte sie es mit Verweis auf die Kantonsverfassung offiziell ab und stellte klar, dass den Frauen das Stimmrecht in kantonalen Angelegenheiten und die Teilnahme an der Landsgemeinde und an Bezirksgemeinden nicht zustehe.

In ihrem Töpferladen sprachen sie Touristen auf das fehlende Frauenstimmrecht an und schüttelten über die Rechtslage den Kopf. In ihrem eigenen Kanton hingegen stiess ihre Wut auf kein Verständnis. Sogar in ihrem Freundeskreis bekam sie immer wieder zu hören, dass das Frauenstimmrecht doch gar nicht so wichtig sei. Die Frauen hätten doch schliesslich zu Hause das Sagen. Die Landsgemeinde könne man ruhig den Männern überlassen.

Tatsächlich hatte die Verwaltung der Familienfinanzen durch die Frauen in Appenzell eine lange Tradition, ein grosser Teil der Ansässigen waren Bauern, die Männer verbrachten viele Monate im Jahr auf der Alp. Die Frauen waren in dieser Zeit für die Betriebe verantwortlich. Doch war das ein Grund, auf das Recht zur politischen Beteiligung kampflos zu verzichten? «Versteh doch, mein Mann ist da dabei. Ich kann mich da nicht aussetzen, ich muss meine Familie schonen», sagten selbst Frauen aus dem engen Umfeld.

Theresia Rohner hatte aber kein Verständnis. Sie beschloss zu handeln – auch ohne Unterstützerinnen und Mitstreiter. Am 22. Mai

1989 wendete sie sich ans Bundesgericht und legte eine Stimmrechtsbeschwerde ein. Noch heute erzählt man sich in Appenzell, Theresia Rohner habe «das halt machen können», weil sie eine «Zugezogene» gewesen sei, also gar keine echte Appenzellerin. Sie stammte schliesslich aus dem 11 Kilometer entfernten Herisau.

Rohners Gang zum Gericht galt als absolute Provokation – auch unter den Anwälten in Appenzell. Theresia Rohner beantragte, dass die Verfügung der Kantonsregierung vom 18. April 1989 aufgehoben werden solle, und begründete dies damit, dass die Verweigerung des Frauenstimmrechts in kantonalen Angelegenheiten eine verfassungswidrige Diskriminierung sei. Das Kantonsrecht stünde hier im Widerspruch zur Bundesverfassung.

Doch das Bundesgericht gab im Oktober 1989 die Beschwerde an die nächste Landsgemeinde zurück. Diese solle am 29. April 1990 zusammentreten und über das Frauenstimmrecht entscheiden. Damit umging der Bund eine eigene Stellungnahme und gab gleichzeitig seinem zweitkleinsten Kanton die Chance, zumindest einigermassen das Gesicht zu wahren. Die Appenzeller Männer bekamen die Möglichkeit, selber zur Vernunft zu kommen und dem Frauenstimmrecht zuzustimmen. Das verärgerte die Gegner des Frauenstimmrechts. Die Gemässigteren verwiesen auf das kantonale Recht. Darin hiesse es, «Landleute und Schweizer» dürften abstimmen – damit seien explizit keine Frauen gemeint. Bei anderen kochten die Emotionen hoch: Die Frauen hätten auf dem Landsgemeindeplatz nichts zu suchen, die sollten zu Hause das Essen vorbereiten und nicht Politik treiben. «Nur faule Weiber, die den ganzen Tag im Café herumsitzen und fünf vor zwölf eine Raviolibüchse öffnen, wollen das Stimmrecht», gab ein erzürnter Appenzeller der Presse zu Protokoll. Zudem würden auch rein praktische Gründe gegen das Frauenstimmrecht sprechen: Der Landsgemeindeplatz sei viel zu klein, wenn auch Frauen dabei wären. Und zudem: Viele Männer würden mit dem Säbel abstimmen. Womit sollten das die Frauen tun – etwa mit der Scheide? Grölendes Gelächter und erbostes Kopfschütteln in den Wirtshäusern.

Endlich kam der Tag der entscheidenden Landsgemeinde, der Hauptplatz von Appenzell füllte sich mit Menschen: Innerhalb des sogenannten «Rings» versammelten sich die stimmberechtigten Männer mit ihren Säbeln. Ausserhalb standen die Appenzellerinnen, die Presse und viele, die extra für diese Abstimmung nach Appenzell gereist waren. Die Abstimmung über das kantonale Frauenstimmrecht war der achte Tagesordnungspunkt. Der Regierungschef des Kantons, Landammann Beat Graf, ein älterer Mann in schwarzem Talar und mit silbernem Haar, trug den Antrag vor: «Wer dem Landsgemeindebeschluss über die Einführung des Frauenstimm- und -wahlrechts zustimmen will, der bezeuge es mit der Hand.» Einige Männer hoben die Hände, eine überschaubare Zahl. «Der dem Landsgemeindebeschluss nicht zustimmen will, der bezeuge es mit der Hand.» Unzählige Hände und Säbel schnellten empor – eine erdrückende Mehrheit. «Das zweite Mehr ist das grössere Mehr. Der Antrag ist abgelehnt.» Gerade einmal 28 Sekunden dauerte die Abstimmung, sie steht auf YouTube.

Jubel brandete auf: «Den Weibern haben wir's heute gezeigt», riefen einige. Aber auch Buhrufe waren zu hören, die Empörung war spürbar. Beat Graf musste zur Ordnung rufen: «Alle Ruhe bitte! Wir haben noch andere wichtige Geschäfte. Geschäft neun, das Gesetz über die Versorgung mit Radio- und Fernsehprogramm.»

Die Heftigkeit der Ablehnung des Frauenstimmrechts und die Häme, mit der die Gegner nun in Appenzell auftrumpften, rüttelte endlich auch andere auf, die sich Theresia Rohners Kampf anschlossen. Einen Monat später wendeten sich gleich zwei Interessengruppen an das Bundesgericht und erhoben staatsrechtliche Beschwerde gegen den Landsgemeindebeschluss. Der Beschluss sollte aufgehoben werden. Die eine Beschwerde stammte von Ursula Baumann und weiteren 52 im Kanton Appenzell Innerrhoden wohnhaften Frauen. Die zweite, gleichlautende Beschwerde stammte von Mario Sonderegger und 48 Männern. Endlich solidarisierten sich auch Einheimische mit der «Zugezogenen» aus Herisau. Der Fall kam nun doch noch vor das Bundesgericht. Der Ton in Appenzell jedoch wurde rauer. Als Initiatorin allen Übels wurde Theresia Rohner mit anonymen Anrufen belästigt und bedroht. Sie zog für mehrere Monate den Stecker.

Der Tag der Entscheidung kam. Am 27. November 1990 verkündete das Bundesgericht in Lausanne einstimmig und unmissverständlich: «Wer den Frauen das Stimmrecht verweigert, verstösst gegen die Bundesverfassung.» Der Wahlrechtsartikel der Innerrhoder Verfassung wurde neu interpretiert. Mit den im Gesetzestext genannten stimmberechtigten Landsleuten seien künftig auch Frauen gemeint.

Der Entscheid galt ab sofort, eine erneute Abstimmung vor der Landsgemeinde war nicht nötig. Theresia Rohner stand auf den Stufen des Bundesgerichts und war am Ziel. Sie hatte es geschafft.

Doch der Kampf zu Hause war noch nicht vorbei. Die Verlierer zeigten sich von ihrer hässlichsten Seite. Die Gegner des Frauenstimmrechts reagierten mit unverhohlenem Frauenhass: «Die Frauen sollen lieber in den Spitälern die Nachttöpfe leeren und Hintern putzen.» «Die Schönsten sind es nicht, die jetzt ein offenes Maul haben.» Ein Stein flog durch das Fenster ihres Töpferladens. Theresia Rohner erhielt Polizeischutz.

Die Polizei schützte sie auch, als die Frauen in Appenzell einige Monate später, am 28. April 1991, das erste Mal als stimmberechtigte Bürgerinnen an der Landsgemeinde teilnehmen durften. Doch wider Erwarten verlief die Wahl friedlich.

Und heute? Haben sich die Appenzeller an die «von oben» verordnete Gleichberechtigung von Männern und Frauen gewöhnt? Zum 25. Jubiläum des Frauenstimmrechts in Appenzell 2015 kam die Presse wieder ins Dorf und fragte nach. «Vorher war es besser als jetzt», sagt ein Mann um die 60 in die Kamera. «Da konnte man das Zeug zu Hause mit der Frau diskutieren und man hat eine Einheit hingekriegt. Dann hat man gemeinsam Ja oder Nein gestimmt, aber der Mann hat abgestimmt. Und die Frau hat sich um die Familie gekümmert.» Ein alter Mann rechtfertigt sein Wahlverhalten von damals: «Es ging gar nicht so sehr gegen die Frauen. Uns ging es darum, die Tradition zu bewahren.» Und ein Dritter stellt resigniert fest: «Einige Leute würden das Frauenstimmrecht heute noch ablehnen – wenn man sie denn fragen würde.»

Und die Frauen? «Ich habe damals nicht dafür gekämpft», erklärt eine Frau mit kurzen weissen Haaren in die Kamera. «Mir war klar: Das ist eine Frage der Zeit. Und man muss immer die Zeit walten lassen.» So sehen das noch heute die meisten.

Wie gut für die Frauen von Appenzell, dass in diesem Fall die Zeit einen Namen hatte: Theresia Rohner.[1]

1 Dieser Text erschien zum ersten Mal in: Isabel Rohner und Rebecca Beerheide (Hrsg.): *100 Jahre Frauenwahlrecht. Ziel erreicht! ... und weiter?* Sulzbach im Taunus 2017.

«Du bist so ein Räf!»

Irène Schäppi, geboren 1978 in St. Gallen, hat an der Universität Zürich Germanistik und Publizistik studiert und leitet seit 2009 das Beauty-Ressort von «20 Minuten». Damit gehört Irène Schäppi zu den wichtigsten Vertreterinnen des Schweizer Lifestyle-Journalismus. Als Frau für die Promi-Interviews – darunter unter anderen Hollywoodikone und Politaktivistin Jane Fonda – und internationale Beauty- sowie Lifestylereportagen ist sie bestens vernetzt, analog wie digital.

Shame on you!

Irène Schäppi, Journalistin

Während ich diese Zeilen in meinen Laptop tippe, höre ich plötzlich das unangenehme Geräusch, wie sich jemand die Fingernägel mit einem Nagelknipser stutzt, und möchte dieser Person sofort einen missbilligenden Blick zuwerfen. Stattdessen spüre ich, wie mir die Röte ins Gesicht steigt.

Auftritt: Die Scham

Ein etwa 60-jähriger graumelierter Herr – in einem früheren Leben war er bestimmt Inquisitor bei der Hexenverfolgung – sitzt in seinem Hahnentritt-Dreiteiler (hallo «Peaky Blinders»!) breitbeinig auf meinem rosa Daybed in der Küche und wirft mir ein abschätziges Grinsen zu, während er – völlig unverschämt – mit der Maniküre an seinen Wurstfingern weiterfährt. Seine Message ist unmissverständlich: «Schämst du dich nicht für deine Hände? Der Nagellack blättert ab und du hast mal wieder zu fest an deinen Häutchen rumgeknabbert. Das sieht schlampig aus, wie bei einer Rotznase!» Auch mein Sonntags-Styling scheint die Scham nicht wirklich zu überzeugen: «Leggings und dieser No-Make-up-Look sind ein klares Zeichen, dass du dich als Frau gehen lässt», so das Urteil meines Schamrichters dazu.

Überhaupt, ich habe ihn ständig im Ohr. Denn die Scham möchte – egal wo ich bin oder was ich mache – immer das letzte Wort haben. Etwa wenn ich am Morgen vor der Arbeit ein körperbetontes Kleid mit High Heels wähle und mich dazu schminke: «Das ganze Paket wirkt zu nuttig. Jammer dann bloss nicht rum, wenn deine Gspänli aus dem Newsroom einen Spruch von sich geben. Erstens verstehst du keinen Humor und zweitens hast du sie schliesslich mit deinem Outfit selbst dazu ermutigt.» Greife ich dann aber zu einem Athleisurelook, also Jeans und Hoodie, grunzt er mir abfällig ins Ohr: «Jetzt machst du auf zurückhaltend, gell Schätzli? Herzig, dieser Versuch, deine Weiblichkeit in den Hintergrund rücken zu lassen».

Mein Aussehen scheint der Scham generell ein ganz grosses Anliegen zu sein: Zu jedem Thema – darunter Damenbart, Falten, ein mögliches Doppelkinn, Cellulite, Körperbehaarung («Pfui, du hast einen

Busch untenrum und die Achseln nicht rasiert?!?»), Maniküre (wie jetzt allen bekannt) sowie Pediküre, die Liste könnte hier noch endlos weitergehen – hat er etwas zu sagen. Und macht mich dabei insbesondere darauf aufmerksam, was ich hier falsch gemacht habe, also wofür ich mich als Frau zu schämen habe. Weil: Für eine Lady gehört sich so etwas nicht!

A propos Lady: Ein ganz grosses Tabu für die Scham ist meine Periode. Er findet menstruieren nämlich grusig und möchte am liebsten vergessen, dass das ein ganz normaler Prozess meines Frauenkörpers ist. Darum hält er mich bei der Arbeit regelmässig dazu an, den Tampon so unauffällig wie möglich auf die Toilette zu schmuggeln. Oder, wenn ich mal keinen dabeihabe, meine Kolleginnen ganz schüchtern und leise um Aushilfe zu bitten. Weil: Wäh!

Auch bei der Mittagspause oder während eines Businesslunch kann die Scham mich nicht in Ruhe lassen. Bestelle ich einen herzhaften Teller mit Schnitzel und Pommes, höre ich ihn schon von fern lachen: «Hahaha, deine Skinny-Jeans kannst du so auf jeden Fall vergessen!» Entscheide ich mich aber für etwas Gesundes, einen Salat oder Gemüse zum Beispiel, ist es auch wieder nicht recht. Denn: «Männer mögen keine Frauen, die wegen ständigen Diäten keinen Spass am Essen haben», belehrt mich meine Scham.

Über das, was Männer an Frauen mögen oder eben nicht mögen, könnte ich dank meiner Scham mittlerweile ein ganzes Buch schreiben. Schliesslich begleitet er mich Tag und Nacht – und das seit Jahren. Ganz weit oben bei seinen No-Gos: Meine eigene Meinung laut und deutlich gegenüber einer Autoritätsperson vertreten, weil selbstbewusste Frauen als Zicken gelten. In den Worten meiner Scham gesagt: «Du bist so ein Räf!» Oder er versucht mich in solchen Situationen kleinzumachen, indem er mich als «gekränktes Meitli» abfertigt. Dabei bin ich 42!

Natürlich habe ich in der Vergangenheit immer mal wieder versucht, aus diesem Dialog auszubrechen, indem ich mich über sogenannte gesellschaftliche Regeln hinweggesetzt habe. Zum Beispiel habe ich mal mehrere Männer gleichzeitig gedatet. Während dieses Verhalten unter Herren wie meiner Scham eigentlich als cool und erstrebenswert gelten sollte, gab es für mich damals kein gutes Wort. Im Gegenteil: Anstatt mir hierfür auf die Schulter zu klopfen, steckte mich die Scham sofort in ein Büssergewand. «Hure» war übrigens nicht mal das schlimmste Schimpfwort, das er mir an einem verkaterten Morgen danach – nicht umsonst «Walk of Shame» genannt – zufauchte. Datete ich Frauen, war's aber auch nicht besser. Oder wie die Scham besserwisserisch dazu meinte: «Du hast es dir einfach noch nie so richtig besorgen lassen.» Denn in seinen Augen kann es ja nicht möglich sein, dass ich eine Frau gelegentlich dem männlichen Geschlecht vorziehe. «Ts, ts, ts», schüttelt die Scham abfällig den Kopf.

Noch schlimmer ist es mir aber ergangen, als ich vor gar nicht so langer Zeit (leider erfolglos) gewagt habe, eine Lohnerhöhung (wie war das nochmals mit der Lohngleichheit?) für mich zu fordern. Queen Cerseis Bussgang durch die Strassen von Kings Landing in der HBO-Serie «Game of Thrones» erscheint mir an dieser Stelle wie ein Spaziergang ... Trotzdem hat mich der damals nie enden wollende «Shame on you!»-Chorus meiner Scham nicht in die Knie zwingen können. Im Gegenteil. Weil nach jenem Gehaltsgespräch nämlich Folgendes passiert ist.

Aus «Shame on you!», «Shame on you!», «Shame on You!» ist «Scham», «Scham», «Scham» geworden. Dieses Wort hat sich dann in «Schmach» verwandelt, woraus schliesslich «Schmacht» entstanden ist. Und am Ende: Macht. Ich konnte das Scham-Geschrei nämlich nicht mehr ertragen und habe ihn – quasi aus Notwehr – beschnitten. Genauer: Weg mit dem SCH! Gebt mir ein T! Also MACHT!

Macht. Macht. Macht. Macht. Macht. Macht. Macht. Macht. Macht. Macht. Macht. Macht. Macht. Macht. Macht. Macht. Macht. Macht.

Fünf Buchstaben, gar nicht so weit von Scham entfernt – Scham rückwärts heisst schliesslich «machs!» –, die aber so viel mehr Power und Aktion beinhalten. MACHT lautet nun mein neues Mantra. Darum habe ich auch mit meiner Scham was geMACHT: Ich habe den Möchtegern-Inquisitor – mit eingezogenem SCH – kurzerhand auf die Arschlochinsel verbannt und ihn durch eine neue Mitbewohnerin ersetzt.

Abgang: Die Scham – Auftritt: Die Macht

Eine grosse, schlanke Frau mit platinblondem Bob, die kein Problem damit hat, für sich und ihre Sache einzustehen und mit der ich in meiner Freizeit ganz wunderbar – jeweils in unseren Lieblingshoodies mit Wolf drauf wie in «The OA» – Stunden vor der Playstation verbringen kann, wenn ich nicht an einem Buch wie «50 Jahre Frauenstimmrecht» arbeite. Das Beste daran: Im Gegensatz zur Scham fällt mir die Macht nie in den Rücken oder hat es nötig, mich aus irgendeinem Selbstdefizit heraus kleinzumachen. Im Gegenteil: Die Macht steht mir wie Rey Skywalker in der letzten «Star Wars»-Triologie bei und ermöglicht es mir, so gegen die Dunkelheit zu kämpfen. Oder dafür, dass mir demnächst der gleiche Lohn wie meinen männlichen Arbeitskollegen ausbezahlt wird.

Etwa morgen und jeden darauffolgenden Tag, wofür wir uns beide schon mal einen Bleistiftrock sowie schwarze Louboutins anziehen und die Lippen rot schminken werden. Denn niemand ausser mir selbst hat das Recht über mich zu urteilen, habe ich von der Macht gelernt. Letzteres ist übrigens etwas, das ich mittlerweile mit immer weniger Härte mir selbst gegenüber, dafür mit umso mehr Liebe und Selbstakzeptanz verfolge. Und das ist gut so. Ich habe es also selbst in der Hand, wie ich mich sehen und von anderen gesehen werden will: Eine Frau, die sich selbst liebt, stolz auf ihr Leben ist und für Gleichberechtigung kämpft.

Last but not least: Auf der Arschlochinsel gibts noch ganz viel Platz!

«Die Menschenrechte haben kein Geschlecht.»

Hedwig Dohm (1831–1919), Schriftstellerin

Namensregister

Bildnachweise

Lea Lu: © Franco Tettamanti
Andrea Maihofer: Privatarchiv
Elisabeth Kopp: © Keystone
Fina Girard: Privatarchiv
Petra Volpe: © Nadja Klier
Anne-Sophie Keller: © Andrea Monica Hug
Margrith Bigler-Eggenberger: © Keystone/Photopress-Archiv
Gardi Hutter: © Adriano Heitmann
Viola Amherd: © Eidgenössisches Departement für Verteidigung, Bevölkerungsschutz und Sport VBS
Fanni Fetzer: © Marc Latzel
Serpentina Hagner: © Serpentina Hagner
Zita Küng: Privatarchiv
Adrienne Corboud: Privatarchiv
Bea Knecht: Privatarchiv
Christa Rigozzi: © Karine & Oliver
Kathrin Bertschy: Privatarchiv
Cloé Jans: Privatarchiv
Regula Stämpfli: Privatarchiv
Nathalie Wappler: © SRF/Mirco Rederlechner
Katja Stauber: © SRF/Oscar Alessio
Samira Marti: Privatarchiv
Christine Schraner Burgener: © Eidgenössisches Departement für auswärtige Angelegenheiten EDA
Ellen Ringier: Privatarchiv
Isabel Rohner: © Christian Kruppa
Irène Schäppi: © Xandra M. Linsin

Die Herausgeberinnen danken für die Unterstützung der Kulturförderung Kulturamt Kanton St. Gallen. Für einen Druckkostenbeitrag dankt der Verlag der Pro Helvetia, Schweizer Kulturstiftung, der Stiftung für Erforschung der Frauenarbeit, der Ernst Göhner Stiftung, dem Migros Kulturprozent und der rkz Römisch-Katholische Zentralkonferenz der Schweiz.

Im Internet
› Informationen zu Autorinnen und Autoren
› Hinweise auf Veranstaltungen
› Links zu Rezensionen, Podcasts und Fernsehbeiträgen
› Schreiben Sie uns Ihre Meinung zu einem Buch
› Abonnieren Sie unsere Newsletter zu Veranstaltungen und Neuerscheinungen
www.limmatverlag.ch

Das *wandelbare Verlagsjahreslogo* auf Seite 1 zeigt Motive aus der persischen Kultur der prähistorischen Zeit (ca. 3500 v. u. Z.). Die Tiermotive – vor allem Widder, Steinböcke, Stiere, Vögel – auf Keramik, Gefässen, Teppichen und Wänden stammen mehrheitlich aus den ehemaligen Hauptstädten Susa und Persepolis.

Der Limmat Verlag wird vom Bundesamt für Kultur mit einem Strukturbeitrag für die Jahre 2016–2020 unterstützt.

Die Illustration auf dem Umschlag stammt von Jelscha Ganter.
Umschlaggestaltung und Satz: Karin Hutter
Druck und Bindung: Friedrich Pustet, Regensburg

ISBN 978-3-85791-891-9